Histaminintoleranz Ernährung

Kochbuch, Ernährungsplan und Einkaufsratgeber bei Histaminintoleranz. Mit der richtigen Ernährung zu einem besseren Lebensgefühl.

Health Academy

Inhaltsverzeichnis

Vorwort

Histaminintoleranz ist ein Krankheitsbild, das noch stark umstritten ist. Die Meinungen der medizinischen Wissenschaft gehen weit auseinander. Grund dafür sind die Symptome, die erstens bei jedem Betroffenen anders in Erscheinung treten und zweitens auch bei anderen Erkrankungen vorkommen können. Histaminintoleranz als Krankheitsbild ist auch bei Ärzten noch relativ unbekannt. Aus diesem Grund kann man aktuell nicht sagen, wie viele Menschen an Histaminintoleranz leiden.

Wir wollen in unserem kleinen Ratgeber nicht ausführlich auf das Krankheitsbild Histaminintoleranz eingehen, sondern damit, welche Ernährung für Betroffene die optimale Ernährung ist bzw. sein kann. Neben einem Ernährungsplan finden Sie auch einen Einkaufsratgeber und zu guter Letzt eine ganze Reihe Rezepte zum Nachkochen.

1. Histaminintoleranz Informationen

Histamin ist ein Gewebshormon. Gebildet wird das Hormon aus Histidin, einer Aminosäure, in den Blut- und Nervenzellen. Histamin wird im Körper als Botenstoff oder Neurotransmitter gebraucht. Das Gewebshormon hat viele Aufgaben, unter anderem reguliert es den Blutdruck, den Wach-Schlaf-Rhythmus und kontrolliert sowohl die Lernfähigkeit als auch die Emotionen.

Die Symptome bei einer Histaminintoleranz sind denen einer Allergie sehr ähnlich. Während bei einer Allergie das Immunsystem aktiviert wird, ist dies bei einer Histaminintoleranz nicht der Fall.

Fakt ist auch, dass unter einer Histaminintoleranz mehr Frauen als Männer leiden, wobei sich die ersten Beschwerden in der Regel während der Wechseljahre einstellen. Dies lässt die Vermutung zu, dass Hormone und Histamin in direktem Zusammenhang stehen.

Da das Krankheitsbild relativ unbekannt ist, sind auch die Ursachen noch nicht erforscht. Es gibt eine ganze Reihe Vermutungen, warum der Histaminspiegel sehr hoch ist. Ein Grund dafür kann sein, dass der Körper mehr Histamin produziert als er abbaut. Verschiedene Experten haben die Vermutung, dass ein Enzym, das in Verbindung mit dem Abbau von Histamin im Körper steht, eine entscheidende Rolle spielt.

Als Ursache für Histaminintoleranz kommen auch Medikamente in Betracht, die entweder für die vermehrte Freisetzung von Histamin verantwortlich sind oder aber den Histaminabbau blockieren oder verhindern.

In den meisten Nahrungsmitteln ist Histamin oft in seiner Vorläuferform vorhanden. Der Histamingehalt wird auch durch die Verarbeitung, der Reife, der Gärung stark beeinflusst. Wir wissen jedoch, dass in den Körpern aller Säugetiere Histamin vorhanden ist.

2. Ernährung

Diejenigen, die an einer Histaminintoleranz leiden, sind aufgefordert, ihre Ernährung umzustellen. Im Ernährungsplan sollten deshalb Lebensmittel, die wenig oder gar kein Histamin beinhalten, vorhanden sein. Dies gilt für die Personen, deren Histaminintoleranz auf dem Histamingehalt von Lebensmitteln beruht.

Wie bereits erwähnt, zeigen sich die Symptome bei einer Histaminintoleranz bei jedem Menschen anders. Auch die Ursachen sind ganz unterschiedlich. Deshalb ist es kaum möglich, für jeden Einzelnen einen Ernährungsplan zu erstellen. Wer an einer Histaminintoleranz leidet, sollte ausprobieren, bei welchen Lebensmitteln Symptome auftreten und bei welchen Nahrungsmitteln dies nicht der Fall ist. Einen entsprechenden Test kann der Arzt im Rahmen seiner Diagnose ermitteln, auch kann dies jeder Einzelne selbst tun.

Berücksichtigen muss man dabei allerdings, ob Darmerkrankungen vorliegen. Auch ob der Hormonspiegel in Ordnung ist oder Auffälligkeiten aufweist sowie die Einnahme von Medikamenten und den individuellen Alkoholkonsum. Außerdem ist jeder Mensch und auch jeder Tag anders.

Am häufigsten treten die Symptome einer Histaminintoleranz zutage, wenn Hartkäse gegessen oder Rotwein getrunken wird. Als Ursache für das Auslösen der Symptome steht Schokolade, Salami, Nüsse und Rohschinken unter Verdacht. Fisch, Sauerkraut, Spinat, Tomaten, Erdbeeren und Fisch sowie Zitrusfrüchte und Kiwis gelten als sehr gesund. Bei einer Histaminintoleranz ist jedoch auf die stattliche Menge Histamin zu achten, welche in diesen Nahrungsmitteln vorhanden ist.

Manche Menschen mit Histaminintoleranz vertragen die oben aufgeführten Lebensmittel, haben jedoch Probleme, wenn sie Nahrungsmittel mit Inhaltsstoffen zu sich nehmen wie beispielsweise biogene Amine, die eine ähnliche Struktur wie Histamin besitzen. Auch Histaminliberatoren, welche die Eigenschaft zur Freisetzung von Histamin haben, können Symptome, die auf eine Histaminintoleranz hindeuten, auslösen.

3. Was man essen darf

Keine Probleme machen:

1. junge Käsesorten
2. Frisch- und Streichkäse
3. Topfen
4. Cottage Cheese
5. Kochwurst
6. frische Fische und Tiefkühlprodukte

Als Ersatz für Süßigkeiten, auf welche die wenigsten Menschen verzichten wollen, eignet sich Kuchen und Gebäck ohne Schokolade, Salzstangen sowie Chips, ohne Hefeextrakt und Geschmacksverstärker.

Auch auf das Gläschen Wein muss niemand verzichten, allerdings sollte man auf Weißwein übergehen, da Weißwein weniger Histamin als Rotwein beinhaltet.

4. Was nicht auf den Tisch gehört

Es gibt also drei Lebensmittelgruppen, die Histaminintoleranzbetroffene kennen sollten. Die Lebensmittel dieser drei Gruppen beinhalten viel Histamin, Liberatoren und biogene Aminosäuren.

In fast allen Nahrungsmitteln ist entweder Histamin selbst oder Histidin, der Vorläufer von Histamin enthalten. Deutlich unterscheidet sich jedoch die Menge dieser Substanzen in den einzelnen Lebensmitteln. Prozesse wie Fermentation, Gärung und Reife steigern den Gehalt an Histamin oder Histidin merklich. Junger Gouda enthält bedeutet weniger Histamin, als alter Gouda, gekochter Schinken beinhaltet ebenfalls weniger Histamin als geräucherter Schinken.

Hefe, aber auch eine Reihe Bakterien können Histidin freisetzen; deshalb beinhalten lang gereifte Käse, Sauerkraut und Wein, aber auch mikrobiell hergestellte Lebensmittel mehr Histamin oder Histidin als andere Nahrungsmittel. Fisch und Fleisch sowie Fleischprodukte beinhalten oft Mikroorganismen, welche die Konzentration von Histamin fördern. Histamin beinhalten auch einige frische Gemüsesorten.

Nahrungsmittel, die viel Histamin beinhalten

1. **Besonders viel Histamin enthalten**:

- Fisch wie Hering, Sardine, Thunfisch, Makrele.
- Käse wie Parmesan, Camembert, Cheddar, Gouda, Emmentaler, Harzer Käse, Tilsiter.
- Fleisch wie geräucherte Wurst und Schinken, Salami, auch Frischwurst.
- Gemüse wie Aubergine, Avocado, Tomaten, Spinat, Sauerkraut.
- Alkohol wie Rotwein, unter- und obergäriges Bier, Champagner sowie Dessertwein und Sekt. Bei Rotwein ist zu beachten, dass die französischen Rotweine, der italienische Chianti und der Muskatwein besonders viel Histamin beinhalten.
- Anderes wie Sojasoße, Rotweinessig, Präparate aus und mit Hefe.

Diese Lebensmittel fördern die Symptome einer Histaminintoleranz, können aber auch bei gesunden Menschen einen Histaminüberschuss hervorrufen.

2. Nahrungsmittel mit biogenen Aminen:

Unter biogenen Aminen versteht man Amine, die über Diaminooxidase abgebaut werden. Dazu gehören Serotonin, Spermin, Putrescin, Phenylethylamin, Tyramin und Cadaverin. Diese Amine können Diaminooxidase übermäßig stark beschäftigen, dass dem Enzym keine Zeit mehr bleibt, selbst kleine Mengen an Histamin abzubauen. Die Folge ist, der Histaminspiegel erhöht sich stetig. Auf der anderen Seite haben einige der biogenen Aminen Eigenschaften, die denen von Histamin sehr ähnlich sind. Dadurch können Symptome zutage treten, die den Beschwerden einer Histaminintoleranz sehr ähnlich sind.

Viele biogene Amine beinhalten:

- Erdnüsse
- Linsen, Bohnen, Soja und andere Hülsenfrüchte
- Bananen, Birnen, Orangen, Kiwi, Ananas, Papaya, Himbeeren
- Weizenkeime

Diese Nahrungsmittel haben ähnliche Eigenschaften wie Histamin und können Symptome auslösen, die auf eine Histaminintoleranz hindeuten.

3. Lebensmittel mit Histaminliberatoren

Histamin kann von den Histamin-Liberatoren aus den Zellen befreit werden. Diese Liberatoren beinhalten weder biogene Amine noch Histamin in höherer Dosierung, sondern bewirken, dass Histamin aus den Mastzellen des Körpers freigesetzt wird.

Menschen mit Histaminintoleranz sollten die nachfolgenden Lebensmittel von ihrem Speiseplan streichen:

3. Schokolade und andere kakaohaltige Speisen
4. Erdbeeren, Zitrusfrüchte
5. Krebse, Muscheln und andere Meeresfrüchte

6. Walnüsse, Cashewnüsse, aber auch Nüsse allgemein
7. Tomaten und Tomatenprodukte wie Ketchup, passierte Tomaten, Tomatensaft
8. Alkohol und Acetylaldehyd, das Abbauprodukt von Alkohol

Fazit:

Wer unter einer Histaminintoleranz leidet, sollte auf lang gereiften Käse, Hartkäse und reife Schimmelkäse sowie Schmelzkäse und Käse aus Rohmilch verzichten.

5. Umstellen der Ernährung

Ein Nahrungsmitteltest bringt Gewissheit, ob eine Histaminintoleranz vorliegt. Im Rahmen dieses Tests kann der Arzt auch die Histamindosis schätzen, die für den Patienten verträglich ist.

Sind die Beschwerden bei der Umstellung der Ernährung immer noch vorhanden, auch eine Besserung tritt nicht ein, liegt keine Histaminintoleranz vor. Grund dafür ist, dass bei diesem Test nicht nur der Anteil von Histamin in der Nahrung reduziert wird, sondern auch der Anteil anderer Aminen, die im Körper von Diaminooxidase abgebaut werden oder das Enzym am Abbau der biogenen Amine beteiligt ist. Der Abbau dieser Amine kann Diaminooxidase so sehr beschäftigen, dass das Enzym für den Abbau von Histamin keine Zeit mehr hat. Auch haben einige dieser Amine ähnliche Eigenschaften wie Histamin: auch sind sie in der Lage, die Blutgefäße zu erweitern.

Der Test für die Ermittlung einer Histaminintoleranz ist nur effektiv, wenn er aus drei Phasen besteht. Die erste Phase ist die Karenzphase, danach folgt die sogenannte Testphase und zum Schluss die Dauerernährung. In allen Phasen wird die Ernährung umgestellt, aber auch die Einnahme von Medikamenten und andere individuelle Einflüsse wie beispielsweise Stress und bei Frauen der Hormonstatus dokumentiert und in Betracht gezogen.

Hier ein kurzer Überblick zu den Phasen.

KarenzphaseilfsH

Ziel dieser Phase ist, die Beschwerden des Patienten weitgehend zu reduzieren. Die Karenzphase nimmt einen Zeitraum von höchstens zwei Wochen ein. Während dieser Zeit soll der Patient nur solche Nahrungsmittel essen, die kein oder nur minimal Histamin enthalten. Lebensmittel mit einem hohen Histamingehalt werden während der Karenzphase vom Speiseplan gestrichen.

Testphase

Nach der Karenzphase, welche die erste Phase beschreibt, geht es nahtlos in die Testphase. Die zweite Phase dauert in der Regel bis zu sechs Wochen an.

Während dieser Phase, welche die zweite Phase beschreibt, darf der Patient auch Lebensmittel mit Histamin essen. Der Patient führt ein Ernährungstagebuch, in welchem er alle Nahrungsmittel unter Angabe des Histaminanteils dokumentiert und auch notiert, ob Symptome auftreten und wenn ja, welche. Am Ende dieser Phase kann die Histaminschwelle ermittelt werden, bei welcher der Patient noch beschwerdefrei ist und bei welcher Schwelle er mit Beschwerden zu kämpfen hat.

Dauerphase

In dieser Phase erfolgt die Auswertung der Phasen 1 und 2. Die Empfehlung für einen individuellen Ernährungsplan wird erstellt. In dieser Empfehlung fließt die Anzahl der Mahlzeiten und deren Rhythmus sowie die eingenommenen Medikamente, Stress und bei Frauen auch der Hormonspiegel ein.

Provokationstest

Dieser Test wird ausschließlich unter ärztlicher Aufsicht durchgeführt. Dies ist notwendig, denn es können Unverträglichkeitsreaktionen auftreten, die von Übelkeit bis zu Kreislaufstörungen reichen, auch wenn diese nur vorübergehende und nicht dauerhaft sind.

Beim Provokationstest erhält der Patient erst einmal eine Diät, die frei von Histamin ist. Ziel ist die Erreichung einer vollständigen Freiheit der Symptome. Danach erhält der Patient in einem Abstand von zwei Stunden Nahrungsmittel mit Histamin, wobei die Dosis kontinuierlich erhöht wird. Sobald die für Histaminintoleranz üblichen Symptome auftreten, ist die Schwellendosis erreicht.

Fazit

Einen Test, der alle Varianten einer Histaminintoleranz beinhaltet, gibt es derzeit nicht. Für die Erstellung einer entsprechenden Diagnose muss der Arzt die Auswertungen aus verschiedenen Schritten zu Hilfe nehmen und alle Untersuchungen, Tests und auch das Gespräch dabei berücksichtigen.

Die Schwierigkeit bei der Erstellung einer Diagnose liegt darin, dass eine große Anzahl der Patienten nicht nur unter einer Histaminintoleranz leidet, sondern auch unter einer Intoleranz in Bezug auf Laktose, Sorbit und Fruktose. In solchen Fällen wird der Arzt einen Ernährungsberater hinzuziehen, damit auch bei der Erstellung des Ernährungsplans keine Mangelversorgung der wichtigen Nähr- und Aufbaustoffe erfolgt.

Muss der Patient auch Medikamente einnehmen, ist eine Umstellung der Einnahme der Medikamente oder die Umstellung auf ein anderes Produkt sinnvoll.

6. Ernährungsplan

Beim Ernährungsplan ist darauf zu achten, dass Vitamin B6 nicht in eiweißreichen Nahrungsmitteln enthalten ist, denn Vitamin B6 wird auch zum Abbau von Eiweiß benötigt, was wiederum den Abbau von Histamin hemmt.

Auch auf Nahrungsmittel, deren B6-Bilanz negativ ist, sollte verzichtet werden. Eine Negativbilanz bedeutet, um das Eiweiß aus der Nahrung zu verstoffwechseln, braucht der Körper eine größere Menge an Vitamin B6 als die Menge, die in der Nahrung vorhanden ist.

Es gibt auch eine positive B6-Bilanz. Diese finden wir bei Nahrungsmitteln wie Süßkartoffeln, Hirse, Paprika, Lauch sowie bei Trockenfrüchten. In diesen Nahrungsmitteln ist keine besonders hohe Dosis an Vitamin B6 enthalten. Allerdings verbraucht die Verstoffwechslung der Proteine, die in histaminarmen Lebensmitteln vorhanden sind, weniger Vitamin B6, weil in der Nahrung auch weniger Eiweiß vorhanden ist.

Fazit:

Auf das Gläschen Wein am Abend müssen auch die Menschen, die unter einer Histaminintoleranz leiden, nicht verzichten, wenn sie von Rotwein auf Weißwein ausweichen. Treten bei Betroffenen auch die Symptome auf, wenn sie Weißwein trinken, dann kann auch ein nicht erkanntes Asthma vorhanden sein. Das liegt am Schwefel, der dem Wein beigemischt wird, damit keine Fehlgärung erfolgt. Sulfit und die Schwefelverbindungen im Wein werden im Magen zu Schwefeldioxid. Dieser Stoff verkrampft die Bronchien und kann Symptome auslösen, die für Asthma typisch sind.

Nicht nur im Wein sind Schwefelverbindungen vorhanden, auch im Bier und in vielen Lebensmitteln wie beispielsweise in Trockenfrüchten. Die FDA, die US-amerikanische Gesundheits- und Lebensmittelbehörde hat eine Schätzung veröffentlicht, die aussagt, dass von 100 Menschen ein Mensch auf diese Schwefelverbindungen empfindlich reagiert.

Im Gegensatz zu Weißwein sind bei Rotwein diese Schwefelverbindungen dominant.

7. Einkaufsratgeber

Leider gibt bis heute keine Möglichkeit, bei Lebensmitteln den Anteil an Histamin zu erkennen. Es fehlt an einer Kennzeichnung, was beim Einkauf oft zu Ratlosigkeit führt. Die Forderung für die Kennzeichnung der Lebensmittel ist schwer, weil sich der Anteil an Histamin in einem Lebensmittel nicht wirklich feststellen lässt. Dies liegt daran, dass Histamin insbesondere in Lebensmitteln keine feste Konstante ist. Sinnvoll wäre jedoch, wenigstens bei den Verpackungshinweisen einen Histamingehalt, der möglicherweise bedenklich ist, aufzulisten. Für Menschen, die unter einer Histaminintoleranz leiden, wäre dies eine große Hilfe.

Nachstehend führen wir einige Lebensmittel und deren Histamingehalt auf.

Legende:

+	geringer Histamingehalt
++	mittlerer Histamingehalt
+++	hoher Histamingehalt

Gemüse

Sauerkraut	+++
Spinat	++
Aubergine	++
Avocado	++
Tomate	+

Fisch

geräucherte Makrelen	0
Bismarckheringe	+++
Matjes	+++
TK-Fisch paniert	+++
Thunfisch	++

Sardinen	++
Sardellen	++
Sardellen in Öl	+
TK-Fisch	+
Fisch in Konserven	+

Käse

Parmesan	+++
alter Gouda	+++
Edamer	+++
Bergkäse	+++
Bierkäse	+++
Brie	+++
Camembert	+++
Fonina	+++
Tilsiter	+++
engl. Stiliton	+++
Ramadur	+++
Schlosskäse	+++
Stangenkäse	+++
Roquefort	+++
Raclette	+++
Cheddar	++
Holländischer Käse	++
Mondseer	++
Harzer Käse	++
Butterkäse	+
Geheimratskäse	+

Monte Nero	+
Schafskäse	+

Alkohol

Weizenbier	+++
Rotwein	+++
Dessertwein	+++
Sekt	+++
Champagner	+++
Weißwein	++
alkoholfreies Bier	+
Bier	+

Essig

Aceto Balsamico	+++
Rotweinessig	+++
Tafelessig	+++
Apfelessig	+

Neben den oben genannten Lebensmitteln gibt es auch Nahrungsmittel, die einen Histaminüberschuss haben.

Dazu gehören:

- Hülsenfrüchte
- Champignons
- Tomaten
- Weizenkeime
- Ananas
- Bananen

- Birnen
- Erdbeeren
- Himbeeren
- Orangen
- Zitrusfrüchte
- Kiwi
- Walnüsse
- Cashewkerne
- Schokolade

sowie die in Lebensmitteln vorhandenen Zusatzsatzstoffe.

Diese sind:

- Nitrite
- Sulfite
- Farbstoffe
- Glutamat
- Benzoate

In den Bereichen Fisch und Fleisch sind es vor allen Dingen geräucherte Varianten. Auch Salami, Speck, Schinken und Innereien verfügen über einen Histaminüberschuss.

Im Fischbereich sind es hauptsächlich Fischkonserven sowie Meeresfrüchte, die einen Überschuss an Histamin enthalten. Aber auch Thunfisch, Krabbe und Hering sind sehr reich an Histamin.

Die Liste der Lebensmittel, die viel Histamin beinhalten, ist lang. Für Betroffene von Histaminintoleranz gehören auch Buchweizen, Kakao, Trockenfrüchte und Senf zu den Lebensmitteln, die unverträglich sein können.

Wie einkaufen?

Idealerweise kaufen Sie ausschließlich frische Nahrungsmittel. Dazu zählen insbesondere Obst und Gemüse direkt vom Bauern und Produkte der Saison. Nutzen Sie unsere Rezeptideen und kaufen Sie die Produkte ein, die Sie tatsächlich brauchen.

Reis und Nudeln sind Nahrungsmittel mit einer langen Haltbarkeit, Süßkartoffeln kann man beispielsweise einfrieren. Auch viele Gemüsesorten eignen sich nach dem Blanchieren für den Gefrierschrank oder der Tiefkühltruhe.

Nutzen Sie frische Kräuter zum Würzen Ihrer Speisen. Viele Kräuter können Sie am Fenster, dem Balkon oder im Garten selbst anbauen. Damit haben Sie immer frische Kräuter in Bio-Qualität greifbar.

Kaufen Sie nur die Lebensmittel, die Ihnen wirklich bekommen. Sie merken schnell, welche Nahrungsmittel Symptome verursachen und welche dies nicht tun. Erstellen Sie sich eine Liste mit den gut verträglichen Lebensmitteln und führen Sie diese Liste kontinuierlich weiter.

Fazit

Jeder Mensch ist anders, daran gibt es keinen Zweifel. Dies bedeutet aber auch, dass einige Menschen, die unter Histaminintoleranz leiden, das eine oder andere Nahrungsmittel mit viel Histamin gut vertragen, während es bei anderen Betroffenen bereits bei geringen Mengen Histamin zu Symptomen kommen kann.

Ratsam ist das Gespräch mit dem Arzt Ihres Vertrauens; weiß dieser nicht weiter, was ja vorkommen soll, dann suchen Sie sich einen Arzt für Naturheilkunde. Letztere Mediziner kennen Histaminintoleranz recht gut, während diese Erkrankung in der Schulmedizin noch umstritten ist.

8. Rezeptwelt

Eine Histaminintoleranz wirkt sich im Großen und Ganzen auf den Ernährungsplan aus. Mit histaminarmen Lebensmitteln können Betroffene eine gute Lebensqualität auch nachhaltig erreichen. Die Symptome sollten sich, wenn die Histaminunverträglichkeit auf Lebensmittel beruht, nicht nur verbessern, sondern gar nicht mehr in Erscheinung treten.

Auf eine Reihe von Lebensmittel sollten Sie verzichten; bei einigen fällt Ihnen der Verzicht leicht, bei anderen vielleicht eher schwer. Um sich an den neuen, für Ihre Gesundheit förderlichen Ernährungsplan zu halten, brauchen Sie Disziplin.

Der große Teil unserer Rezepte berücksichtigt nicht nur die Histaminintoleranz, sondern auch die Unverträglichkeit auf Laktose, Fruktose, Sorbit, Gluten und Salicyl; Unverträglichkeiten, die gerne mit einer Histaminintoleranz in Zusammenhang stehen.

Wichtig ist noch der Hinweis, dass Histamin thermostabil ist, dies bedeutet, Histamin kann weder durch Tiefkühlen noch durch Erhitzen zerstört werden.

Abkürzungen:

EL = Esslöffel

TL = Teelöffel

Bund = Bund

Frühstück

Für die meisten Menschen ist das Frühstück die Mahlzeit, die ihnen Energie verleiht. Gerne greift man zu den Lebensmitteln, die man kennt. Doch bei einer Histaminintoleranz sollte man mit der Auswahl vorsichtiger sein. Wir haben für Sie einige Rezepte für ein leckeres und Energie spendendes Frühstück zusammengestellt, die wunderbar in Ihren neuen Ernährungsplan passen.

Leckere Waffeln

Portionen: 4

Zutaten

300 g Dinkelmehl. Typ 630

100 g fein gemahlene Hirse

100 g Haferflocken

½ Päckchen Weinsteinbackpulver

1 Päckchen Vanillezucker

3 Eier

200 g Schlagsahne

750 ml Milch

1 TL Vanillezucker

Zubereitung

1. Dinkelmehl in eine Schüssel sieben.
2. Die restlichen Zutaten zufügen.
3. Das Ganze zu einem glatten Teig verarbeiten.
4. Die Schüssel abdecken und den Teig 10 Minuten ruhen lassen.
5. Das Waffeleisen erhitzen, den Teig portionsweise ins Waffeleisen geben, ausbacken.
6. Müsli mit Hirseflocken

Portionen: 4

Zutaten

375 g Hirseflocken

250 ml Wasser

750 ml Milch

2 Äpfel

125 g Heidelbeeren

125 g Brombeeren

1 Mango

125 g Melone

Ahornsirup

Mandelblättchen

evtl. Joghurt für die Konsistenz

<u>Zubereitung</u>

1. Wasser, Milch und Hirseflocken in einen Topf geben, aufkochen, abkühlen lassen.
2. So viel Joghurt zufügen, bis die gewünschte Konsistenz erreicht ist.
3. Äpfel entkernen, stückeln.
4. Beeren waschen, verlesen.
5. Mango entsteinen, stückeln.
6. Das Fruchtfleisch der Melone in Stücke schneiden.
7. Mandelblättchen in eine beschichte Pfanne geben, anrösten.
8. Hirseflocken mit Ahornsirup süßen, dann auf vier Schälchen verteilen.
9. Obststücke untermischen, mit Mandelblättchen bestreuen.

Knuspriger Morgengenuss

Portionen: 2

<u>Zutaten</u>

250 g zarte Haferflocken

30 g Kokosflocken

70 g Zucker

50 g Sonnenblumenkerne

gemahlener Zimt

4 EL Rapsöl

Salz

Zubereitung

1. Backofen auf 150 °C vorheizen, Backblech mit Backpapier auslegen.
2. Haferflocken, Kokosflocken und Sonnenblumenkerne in eine Schüssel geben. Salz und Zimt zufügen, alles gut miteinander vermischen.
3. Öl in einer Pfanne erhitzen. Zucker zufügen und so lange erhitzen, bis sich der Zucker mit dem Öl verbunden hat und flüssig ist.
4. Die Haferflocken-Kokosflocken-Mischung zufügen, unter Rühren weiter kochen, bis die Flocken die Öl-Zucker-Mischung aufgesogen haben.
5. Das Ganze auf dem vorbereiteten Backblech verteilen, in den Ofen schieben und 25 Minuten backen.
6. Während der Backzeit immer wieder wenden.
7. Nach Ende der Backzeit das Ganze auf zwei Teller verteilen, abkühlen lassen.

Vitaminreiches Frühstück

Portionen: 4

Zutaten

150 g Hirse

100 g Melone

1 Apfel

12 Aprikosen

½ l Wasser

200 g Sahne

Zubereitung

1. Wasser in einen Topf geben. Hirse zufügen, erhitzen, bei mittlerer Temperatur 10 Minuten kochen.
2. Melone schälen, putzen, stückeln.
3. Apfel entkernen, in Stücke schneiden.
4. Aprikosen waschen, entsteinen, grob stückeln.
5. Hirse abkühlen lassen, das vorbereitete Obst zufügen, Sahne unterrühren.
6. Dieses Frühstück ist auch zum Mitnehmen geeignet.

Spiegeleier mit Chili

Portionen: 4

Zutaten

8 Eier

4 Stiele Basilikum

2 Schalotten

2 gelbe Chilischoten

2 TL Rapsöl

Salz

Pfeffer

Zubereitung

1. Schalotten abziehen, in Ringe schneiden.
2. Chili waschen, entkernen, in Streifen schneiden.
3. In eine beschichtete Pfanne Rapsöl geben, Schalotten zufügen, anschwitzen.

4. Chili zugeben, würzen mit Salz, Pfeffer. 10 Minuten bei geringer Hitze köcheln lassen.
5. Die Eier schnell nacheinander in die Pfanne aufschlagen, kochen lassen.
6. Basilikum abbrausen, Blättchen abzupfen, in Streifen schneiden, zu den Eiern geben, unterrühren.

Obstquark

Portionen: 2

Zutaten

10 EL frisches Obst nach Wahl (Äpfel, Beeren)

4 EL Haferkleie

6 EL Milch (Fettgehalt: 3,5 %)

6 EL Magerquark

2 EL Weizenkeimöl

2 EL Leinöl

2 TL Ahornsirup

einige Spritzer Zitronensaft

2 TL Mandelsplitter zum Garnieren

Zubereitung

1. Das Obst waschen, Beeren verlesen, Erdbeeren in Scheiben schneiden, Äpfel in Schnitze schneiden, Banane schälen, in Scheiben schneiden.
2. Milch, Quark, Weizenkeimöl, Leinöl, Ahornsirup, Haferkleie, Zitronensaft und Quark in einen Mixer geben.
3. Milch zufügen, das Ganze pürieren.
4. Die Quarkspeise in ein Schälchen füllen, mit Mandelsplitter bestreuen.

Beeren-Quark mit Chia

Portionen: 2

Zutaten

300 g gemischte Beeren

1 Avocado

6 EL Quark

4 EL Milch

4 EL Chiasamen

2 EL Leinsamen

einige Spritzer Zitronensaft

Zubereitung

1. Milch und Chiasamen in eine Müslischüssel geben, 15 Minuten quellen lassen.
2. Aus der halbierten Avocado das Fruchtfleisch herauslösen, dieses auf einen Teller geben, mit einer Gabel zerdrücken, mit Zitronensaft beträufeln.
3. Avocado, Beeren, Chiasamen und Quark in die Müslischüssel oder in ein Glas nach Wunsch schichten.

Porridge mit Blaubeeren

Portionen: 2

Zutaten

500 g frische Blaubeeren

800 ml Wasser

200 g gehackte Mandeln

8 EL Haferflocken

4 EL Agavendicksaft

10 EL Joghurt

Salz

Zubereitung

1. Eine beschichtete Pfanne erhitzen. Mandeln zufügen, rösten.
2. Wasser in einen Topf gießen. Haferflocken, Salz zufügen, aufkochen lassen.
3. Topf vom Herd nehmen.
4. Beeren verlesen, waschen, zu den Haferflocken geben, unterrühren.
5. Agavendicksaft und Mandeln zufügen, unterrühren. Das Ganze abkühlen lassen.
6. Joghurt zufügen, einrühren, das Porridge in ein Schälchen füllen.

Müsli mit Früchten

Portionen: 2

Zutaten

300 g gemischtes frisches Obst (Blaubeeren, Äpfel)

2 Becher fettarmer Naturjoghurt (Gewicht je Becher: 200 g)

4 EL Haferflocken

Zimt

2 TL Honig

einige Minzeblättchen

Zubereitung

1. Beeren verlesen, waschen.
2. Apfel waschen, würfeln.
3. Banane schälen, in Scheiben schneiden.

4. Joghurt in eine Schüssel geben, Honig, Zimt zufügen, verrühren.
5. Haferflocken zufügen, mischen.
6. Das vorbereitete Obst zugeben, untermischen.
7. Das Müsli in zwei Schälchen füllen, mit Minzeblättchen garnieren.

Hafershake

Portionen: 1

Für diejenigen, die es morgens besonders eilig haben.

Zutaten

150 ml Haferdrink

125 g Melone (ohne Schale)

1 EL Mandelmus

1 TL Ahornsirup

Zimt

Zubereitung

1. Melone entkernen, grob zerteilen.
2. Haferdrink, Melone, Mandelmus, Ahorn und Zimt in den Mixer geben, alles gut durchmixen.

Melonen-Smoothie mit Gurke

Portionen: 1

Wenn es morgens mal ganz schnell gehen soll, ist ein Smoothie immer eine super Alternative zum herkömmlichen Frühstück.

Zutaten

300 g Wassermelone

50 g Gurke

25 ml Wasser

4 Minzeblätter

1 EL Zucker oder die entsprechende Menge Süßstoff

1 EL Limettensaft

Zubereitung

1. Melone schälen, würfeln, in Eiswürfelbehälter geben, über Nacht in den Gefrierschrank stellen.
2. Am nächsten Tag die Gurke waschen würfeln.
3. Minzeblätter abbrausen.
4. Minze und Gurke mit den Melonenwürfeln, Limettensaft, Süßmittel und Wasser in einen Mixer geben, zu feinem Püree verarbeiten.

Hauptmahlzeiten

Verwenden Sie bitte für die Hauptmahlzeiten ausschließlich frisches Gemüse und Kräuter. Grund dafür ist Vitamin C, das im Gemüse oft in großen Mengen enthalten ist. Dieses Vitamin ist wasserlöslich und wird durch lange Kochvorgänge zerstört. Deshalb ist schonendes Kochen wie Dämpfen die bessere Variante.

Grundsätzlich wird das Gemüse in rohem Zustand klein geschnitten, mit einer Zwiebel in einer Pfanne mit Oliven- oder Kokosöl angebraten und die Pfanne mit einem Deckel abgedeckt. So entsteht der Effekt, dass aus dem Gemüse die Flüssigkeit austritt. Wichtig ist, das Gemüse bereits beim Anbraten zu würzen, denn das Gemüse nimmt seine Flüssigkeit wieder auf und Vitamin C bleibt zum großen Teil erhalten.

Wichtig! Gerichte, die Sie bereits zubereitet haben, nicht mehr aufwärmen. Damit gehen die wichtigen Nähr- und Aufbaustoffe wie Vitamine und Mineralstoffe verloren.

Suppen

Suppen sind schnell zubereitet und sättigen. Außerdem kann man viele Suppen vorkochen und portionsweise einfrieren. Damit spart man Arbeit und Zeit. Wir haben für Sie einige leckere Suppenrezepte zusammengestellt.

Gemüsebrühe (Grundrezept)

Portionen: 4 - 6

Zutaten

100 g Karotten

100 g Paprika

100 g Sellerie

100 g Frühlingszwiebeln

100 g Schnittlauch

100 g Petersilie

100 g Liebstöckel

120 g Meersalz

Zubereitung

1. Karotten putzen, Paprika waschen, entkernen, Sellerie putzen, alles grob zerkleinern.
2. Das Ganze in die Küchenmaschine geben und fein hacken.
3. Petersilie, Liebstöckel, Schnittlauch abbrausen, ebenfalls fein hacken.
4. Frühlingszwiebeln abziehen, fein hacken.
5. Kräuter und Frühlingszwiebeln zu Gemüse geben, Meersalz untermischen, alles durchmischen.
6. Das Ganze in kleine Portionen teilen, in Gefrierbeutel oder entsprechende Behälter füllen, einfrieren. Die Basis für Gemüsebrühe hält bis zu 6 Monaten im Gefrierschrank.

Kräuterbrühe

Portionen: 4 - 6

Zutaten

1 kleine Zwiebel

1 l Wasser

1 TL Butter

1 TL Meersalz

3 Blätter Liebstöckel

1 TL Petersilie

Zubereitung

1. Zwiebel abziehen, fein hacken.
2. Petersilie und Liebstöckel abbrausen, hacken.
3. Wasser in einen Topf gießen, erhitzen.
4. Alle Zutaten zufügen, 12 Minuten kochen lassen, abgießen, abschmecken.

Petersiliensuppe

Portionen: 4

Zutaten

1 Kartoffel, vorwiegend mehlig kochend

1 Bund glatte Petersilie

2 Frühlingszwiebeln

750 ml Gemüsebrühe, alternativ Wasser

1 EL Butter

250 ml Sahne

Salz

Pfeffer

geriebene Muskatnuss

Zubereitung

1. Petersilie abbrausen, trocken schütteln, Blätter abzupfen, hacken.

2. Frühlingszwiebeln abziehen, in Ringe schneiden.
3. Kartoffel waschen, schälen, würfeln.
4. Butter in einen Topf geben, erhitzen, bis die Butter flüssig ist.
5. Kartoffel und Frühlingszwiebeln zufügen, andünsten.
6. Mit Gemüsebrühe oder Wasser und Sahne ablöschen.
7. Petersilie zugeben, mischen.
8. Würzen mit Salz, Pfeffer und Muskat.
9. Das Ganze 10 Minuten garen lassen.
10. Das Ganze mit dem Pürierstab pürieren, bis die Suppe eine cremige Substanz hat.
11. Wer möchte, kann Sonnenblumenkerne in einer beschichteten Pfanne rösten und über die Suppe geben.

Kokosmilch-Zucchini-Suppe

Portionen: 4

Zutaten

4 Zucchini

12 Basilikumblättchen

2 EL Olivenöl

500 ml Wasser

Kokosmilch

etwas Pfeffer

etwas Meersalz

etwas gemahlene Muskatnuss

Zubereitung

1. Zucchini waschen, würfeln.
2. In einen Topf das Öl geben, erhitzen.

3. Zucchiniwürfel zufügen, anbraten.
4. Mit Salz, Pfeffer würzen, mit Muskat pikant abschmecken.
5. Das Ganze mit Wasser ablöschen, das Gemüse garen lassen.
6. Basilikum abbrausen, 12 Blätter abzupfen.
7. Basilikumblättchen und Zucchini in den Mixer geben.
8. Zucchini-Basilikum-Mix zu feinem Püree verarbeiten.
9. Mit Kokosmilch abschmecken.
10. Kaltschale mit Gurken

Portionen: 4

Zutaten

2 große Salatgurken (Gesamtgewicht: 1 kg)

1 großer Becher Vollmilch-Joghurt (Gewicht: 300 g)

1 Knoblauchzehe

1 rote Zwiebel

1 Bund Kresse

1 Bund Dill

750 ml Buttermilch

150 g Crème fraîche

1 EL Zitronensaft

Zucker

Salz

Pfeffer

Zubereitung

1. Gurken schälen, halbieren, entkernen, stückeln, in eine hohe Schüssel geben.

2. Die Gurken mit dem Pürierstab zu Püree verarbeiten.
3. Knoblauch, Zwiebel zufügen, mischen.
4. Joghurt, Buttermilch, Crème fraîche, Salz, Pfeffer, Zitronensaft, Zucker zufügen, alles gut verrühren.
5. Dill und Kresse abbrausen, hacken, zur Kaltschale geben, verrühren.
6. Die Kaltschale in den Kühlschrank stellen, 1 Stunde ruhen lassen.

Hähnchensuppe

Portionen: 4

Zutaten

4 Hähnchenschenkel

4 Karotten

2 Zwiebeln

2 Lauchstangen

1 Sellerie

2 TL hefefreie Gemüsebrühe

Olivenöl

Nudeln

½ Bund Petersilie

etwas Wasser

Zubereitung

1. Zwiebeln abziehen, grob würfeln.
2. Olivenöl in einem Topf erhitzen, Zwiebeln zufügen, anbraten.
3. Zwiebeln auf einen Teller geben, zur Seite stellen.
4. Hähnchenschenkel in den Topf geben, rundum anbraten.
5. Karotten putzen, stückeln.

6. Lauch waschen, in Ringe schneiden.
7. Sellerie putzen, klein schneiden.
8. Die Zwiebeln mit dem klein geschnittenen Gemüse zu den Hähnchenschenkeln geben, so viel Wasser zufügen, bis alles im Topf bedeckt ist.
9. Die Gemüsebrühe zufügen, verrühren, aufkochen lassen.
10. Dann Temperatur zurückdrehen und das Ganze 45 Minuten köcheln lassen.
11. Hähnchenschenkel aus dem Topf nehmen, das Fleisch vom Knochen lösen, klein schneiden, zur Suppe geben.
12. Nudeln in Salzwasser nach Anweisung garen, abgießen, zur Suppe geben.
13. Petersilie abbrausen, trocken schütteln, hacken, die Suppe damit bestreuen.

Fenchelsuppe

Portionen: 4

<u>Zutaten</u>

4 Zucchini

4 Fenchelknollen

2 Zwiebeln

2 EL Butter

etwas weißer Pfeffer

800 ml Gemüsebrühe ohne Glutamat

Salz

<u>Zubereitung</u>

1. Fenchel waschen, Strunk entfernen, das Grün zur Seite legen. Die Fenchelknolle würfeln.

2. Zucchini waschen, schälen, in Scheiben schneiden.
3. Zwiebeln abziehen, hacken.
4. In einem Topf die Butter geben, erhitzen.
5. Zwiebeln zugeben, anbraten.
6. Zucchini und Fenchel zufügen, 3 Minuten unter Rühren dünsten.
7. Mit Gemüsebrühe ablöschen und auffüllen, 15 Minuten bei niedriger Temperatur kochen.
8. Mit einem Pürierstab das Ganze pürieren, evtl. etwas Wasser zufügen.
9. Würzen mit Salz und Pfeffer.
10. Das Grün vom Fenchel hacken, über die Suppe geben.
11. Gemüse, Fleisch und Fisch
12. Wir sind bei den Hauptgerichten angelangt. Sie finden nachfolgend eine Reihe Rezeptideen mit Gemüse, Reis, Nudeln und Kartoffeln.

Spaghetti Italia

Portionen: 4

Zutaten

500 g Dinkel-Spaghetti

90 g Basilikumblätter

60 g Pinienkerne

2 Kugeln Mozzarella

280 ml Olivenöl

2 TL Meersalz (nach Möglichkeit grobkörnig)

Zubereitung

1. Spaghetti in kochendem Salzwasser al dente kochen.
2. Alle weiteren Zutaten in einen Mixer geben, pürieren, das Pesto in ein Glas füllen und in den Kühlschrank stellen.

3. Mozzarella zerpflücken.
4. Spaghetti abschütten, kalt abschrecken, auf die Teller verteilen.
5. Pesto über die Spaghetti geben, mit Mozzarella bestreuen.

Gefüllte Pastete

Portionen: 8

Zutaten

1 kg Lauch

500 g fertigen Pastetenteig (beispielsweise Fylo)

500 g Schafskäse

250 ml Kondensmilch

6 Eier

4 Stiele frische Petersilie (ergibt gehackt 2 EL)

1 Zwieback (ergibt 1 EL Zwiebackbrösel)

1 EL Butterschmalz

Öl

Salz

Pfeffer

2 EL geschmolzene Butter

Zubereitung

1. Backofen auf 170 °C vorheizen, einen Bräter bereitstellen.
2. Lauch putzen, in Ringe schneiden.
3. Petersilie abbrausen, hacken.
4. Zwieback zerbröseln.
5. Eier in eine Schüssel aufschlagen, leicht verrühren.

6. Schafskäse grob reiben.
7. Wasser in einen Topf gießen, die Lauchringe zufügen, blanchieren, dann abtropfen lassen.
8. Kondensmilch in einen Topf gießen. Lauch zufügen, köcheln lassen, bis das Gemüse die Flüssigkeit aufgenommen hat. Topf vom Herd nehmen, etwas abkühlen lassen.
9. Lauch in eine Schüssel geben. Zwieback, Eier, Käse, Petersilie zufügen, mischen.
10. Würzen mit Salz und Pfeffer.
11. In den Bräter sechs Teigblätter legen, jedes Blatt mit Öl und der geschmolzenen Butter bestreichen.
12. Die Gemüsemischung darüber verteilen.
13. Auf die Gemüsemischung weitere sechs Teigblätter legen, das letzte Teigblatt mit Öl bestreichen, Wasser darüber sprühen.
14. Den Bräter in den Backofen stellen, backen, bis die Pasteten goldbraun sind.

Überbackener **Schafskäse**

Portionen: 2

<u>Zutaten</u>

2 eingelegte Schafskäsescheiben

2 rote kleine Paprika

2 kleine Zwiebeln

2 Peperoni

4 EL Kräuter der Provence

4 EL Olivenöl

Salz

Pfeffer

Zubereitung

1. Backofen auf 200 °C vorheizen, eine feuerfeste Form vorbereiten.
2. Die Käsescheiben in die Form legen, Olivenöl über den Käse geben, mit Salz, Pfeffer würzen, mit den Kräutern der Provence bestreuen.
3. Zwiebeln abziehen, würfeln.
4. Paprika waschen, entkernen, würfeln.
5. Zwiebel und Paprika auf dem Käse verteilen.
6. Peperoni halbieren, entkernen, würfeln, zum Käse geben.
7. Die Form in den Backofen stellen, 20 Minuten backen.

Schnitzel aus Zucchini

Portionen: 4

Zutaten

2 Zucchini

1 Ei

Olivenöl

Maisgrieß

1 EL Dinkelmehl, Typ 630

Meersalz

Zubereitung:

1. Zucchini putzen, in dicke Scheiben schneiden, auf einen Teller legen, salzen, zur Seite stellen.
2. Mit einem Küchenkrepp die Flüssigkeit von den Zucchinischeiben abtupfen.
3. Maisgrieß auf einen tiefen Teller geben.
4. Das Ei in einen weiteren tiefen Teller aufschlagen, verquirlen.
5. Olivenöl in eine beschichtete Pfanne geben, erhitzen.

6. Zucchinischeiben erst in Ei, dann in Grieß wenden, in die Pfanne geben, goldbraun backen.
7. Dazu passen Petersilienkartoffeln, grüner Salat und eine Soße aus Kräuterquark.

Das ganz andere Steak

Portionen: 4

Zutaten

150 g mittelfein geschroteter Dinkel

100 g mittelfein geschrotete Hirse

75 g mittelfein geschrotete Quinoa

2 Eier

400 ml Gemüsebrühe

2 EL Rapsöl

1 EL Sesam

Pfeffer

Meersalz

3 EL geriebener Butterkäse

1 Handvoll frische Kräuter

Zubereitung

1. Kräuter abbrausen, fein hacken.
2. Alle Zutaten mit den Kräutern in eine Schüssel geben, gut verrühren.
3. Die Schüssel mit einem Küchentuch abdecken, 90 Minuten ruhen lassen.
4. Öl in einer Pfanne erhitzen.
5. Aus dem Teig Steaks formen, in die Pfanne geben, bei mittlerer Hitze goldgelb braten.

Saisonale Gemüsepfanne

Portionen: 4

2 Zucchini

4 Möhren

4 Frühlingszwiebeln

2 rote Paprika

2 gelbe Paprika

2 Handvoll gemischte Kräuter (beispielsweise: Petersilie, Schnittlauch, Basilikum, Oregano usw.)

4 EL Olivenöl

6 EL weißer Traubensaft

Meersalz

Pfeffer

Zubereitung

1. Möhren putzen, in feine Stifte scheiden.
2. Zucchini waschen, in kleine Würfel schneiden.
3. Paprika waschen, entkernen, weiße Fruchthäute entfernen, fein würfeln.
4. Frühlingszwiebeln abziehen, hacken.
5. Kräuter abbrausen, hacken.
6. Öl in einer Pfanne erhitzen. Zwiebeln, Möhren, Paprika und Zucchini zufügen, andünsten.
7. Mit Salz und Pfeffer würzen, mit Traubensaft ablöschen, bei niedriger Temperatur garen.

Tipp:

Als Beilage eignet sich Reis, Hirse, Kartoffeln oder Nudeln aus Dinkel.

Gefüllte Paprika

Portionen: 4 - 6

Zutaten

6 Paprikaschoten

200 g Hirse

2 Frühlingszwiebeln

1 Möhre

750 ml Wasser

50 ml Sahne

etwas Paprikamark

1 EL Öl

2 Mozzarella

3 EL Olivenöl

½ Bund Petersilie

Salz

Pfeffer

Zubereitung

1. Backofen vorheizen auf 200 °C, 1 Auflaufform einfetten.
2. Hirse in ein Sieb geben, mit heißem Wasser gründlich abspülen, abtropfen lassen, in eine Schüssel geben.
3. Wasser in einen Topf gießen. Hirse zufügen, das Ganze zum Kochen bringen, dann zur Seite stellen, quellen lassen.
4. Frühlingszwiebeln abziehen, würfeln.
5. Möhren putzen, raspeln.
6. Öl in einer Pfanne erhitzen, Zwiebeln und Möhren zufügen, andünsten.

7. Paprika waschen, den „Deckel" der Paprika abschneiden, Paprika entkernen, weiße Fruchthäute entfernen.
8. Petersilie abbrausen, trocken schütteln, fein hacken.
9. Mozzarella abtropfen lassen, reiben.
10. Kräuter, Mozzarella, Möhren und Frühlingszwiebeln mit dem Olivenöl zur Hirse geben, mischen, mit Salz und Pfeffer würzen
11. Sahne mit Wasser und Paprikamark verrühren, mit Salz und Pfeffer würzen.
12. Die Hirsemasse in die Paprika füllen, den Deckel auf die Paprika geben.
13. Die gefüllten Paprika in die gefettete Auflaufform stellen.
14. Die Sahne-Wasser-Mischung zu den Paprika gießen, die Form in den Ofen schieben, 20 Minuten garen lassen.

Petersilien-Gratin

Portionen: 2

<u>Zutaten</u>

300 g Kartoffeln

1½ Bund glatte Petersilie

½ Zwiebel

50 ml Gemüsebrühe

100 g saure Sahne

50 g geriebener junger Gouda

Salz

Pfeffer

Muskatnuss

1 EL Butter

Zubereitung

1. Backofen vorheizen auf 180 °C, 1 Auflaufform einfetten.
2. Kartoffeln gründlich putzen, in einen Topf mit Wasser geben.
3. Den Topf auf den Herd stellen, das Ganze zum Kochen bringen, die Kartoffeln fast garen.
4. Petersilie abbrausen, trocken schütteln, Blätter abzupfen, hacken.
5. Zwiebel abziehen, hacken.
6. In einen Topf die Butter geben, erhitzen, die Butter zerlassen.
7. Zwiebel und Petersilie zufügen, anschwitzen.
8. Mit Gemüsebrühe ablöschen, das Ganze noch etwas köcheln lassen.
9. Saure Sahne zugeben, mit Salz, Pfeffer würzen, mit Muskat pikant abschmecken.
10. Kartoffeln abgießen, pellen, in Scheiben schneiden.
11. Die Kartoffelscheiben in der Auflaufform verteilen.
12. Die Zwiebel-Petersilien-Mischung über den Kartoffelscheiben verteilen.
13. Das Ganze mit Käse bestreuen.
14. Die Form in den Ofen stellen, 20 Minuten backen.

Wiener Schnitzel

Portionen: 4

Zutaten

4 Kalbsschnitzel (je 120 g)

100 g Dinkelmehl, Typ 630

100 g Maisgrieß

2 EL Schlagsahne

2 Eier

Salz

Pfeffer

Butterschmalz

Zubereitung

1. Schnitzel zwischen zwei Klarsichtfolien legen, plattieren, dann quer halbieren.
2. Eier, Sahne, Salz, Pfeffer in einen tiefen Teller geben, verquirlen.
3. Mehl in einen weiteren tiefen Teller geben.
4. Grieß in einen weiteren tiefen Teller geben.
5. Butterschmalz in einer Pfanne erhitzen.
6. Die Schnitzel erst in Mehl wenden, dann durch die Eier-Sahne-Mischung ziehen, zuletzt in Grieß wenden, leicht andrücken.
7. Die panierten Schnitzel in die heiße Pfanne geben.
8. Die Schnitzel im Butterschmalz schwimmend von jeder Seite 3 Minuten braten, auf Küchenkrepp legen.

Tipp:

Zu Wiener Schnitzel passt Kartoffelsalat ausgezeichnet.

Gemüse mit Reis

Portionen: 4

Zutaten

1 Tasse Basmatireis

2 Tassen Wasser

1 Tasse Sahne

1 Tasse Milch

200 g Lauch

500 g Brokkoli

1 Zwiebel

1 Mango

Salz

Pfeffer

3 EL Olivenöl

1 EL Kartoffelstärke

Zubereitung

1. Wasser in einen Topf gießen, salzen.
2. Reis zufügen, umrühren.
3. Deckel auf den Topf geben, den Reis bei niedriger Temperatur garen lassen.
4. Wenn der Reis die ganze Flüssigkeit aufgesogen hat, ist der Reis fertig.
5. Zwiebel abziehen, hacken.
6. Lauch waschen, in Ringe schneiden.
7. Brokkoli waschen, in Röschen teilen.
8. In einer Pfanne das Öl erhitzen.
9. Zwiebel, Lauch zugeben, glasig dünsten.
10. Brokkoli zufügen, 5 Minuten braten.
11. Mit Sahne und Milch ablöschen, würzen mit Salz und Pfeffer, noch einige Minuten garen lassen.
12. Mango entsteinen, das Fruchtfleisch herauslösen, klein schneiden, zum Gemüse geben.
13. Zum Schluss den Reis unterheben.

Schweinefilet

Portionen: 4

Zutaten

800 g Schweinefilet

3 EL Hagebuttenkonfitüre

200 ml Sahne

100 ml Milch

Salz

Pfeffer

Kurkumapulver

Curry

Paprika

Olivenöl

<u>Zubereitung</u>

1. Backofen auf 80 °C vorheizen, Auflaufform einfetten.
2. Schweinefilet abbrausen, trocken tupfen, mit Salz und Pfeffer einreiben.
3. Öl in einer Pfanne erhitzen.
4. Schweinefilet zufügen und von beiden Seiten 3 Minuten anbraten.
5. Das Filet in die vorbereitete Auflaufform geben.
6. Die Form in den Backofen schieben, das Filet 60 Minuten garen lassen (die Kerntemperatur sollte höchstens 60 °C betragen, für das Messen ein Bratenthermometer verwenden).
7. Milch und Sahne für die Soße in einen Topf geben, erhitzen.
8. Hagebuttenkonfitüre einrühren, kochen lassen, bis die Soße eine sämige Konsistenz hat.
9. Mit Salz, Pfeffer, Kurkuma würzen, mit Curry und Paprika pikant abschmecken.
10. Die Soße warm stellen.

11. Das gegarte Schweinefilet in Scheiben schneiden (etwa 2 cm dick), die Soße über das Fleisch geben.

Reis mit Rosinen

Portionen: 4

Zutaten

200 g Basmatireis

1 ½ Zwiebeln

5 EL Rosinen

4 EL Minzeblätter

4 EL gehackte, ungesalzene Pistazienkerne

1 EL Öl

½ TL Salz

¼ TL gemahlene Kurkuma

¼ TL gemahlener Kardamom

500 ml hefefreie Gemüsebrühe (möglichst auch glutamatfrei)

Zubereitung

1. Zwiebeln abziehen, würfeln.
2. Minze abbrausen, Blättchen abzupfen, hacken.
3. Öl in einem Topf erhitzen, Zwiebel zufügen, anschwitzen.
4. Kurkuma und Kardamom zufügen, 15 Sekunden anschwitzen.
5. Reis zu den Zwiebeln geben, unter ständigem Rühren etwa 30 Sekunden braten.
6. Mit Gemüsebrühe ablöschen, mit Salz würzen, aufkochen lassen.
7. Deckel auf den Topf geben, 15 Minuten garen lassen.

8. Zum Reis die Rosinen mischen, Deckel wieder auf den Topf setzen, das Ganze 5 Minuten zur Seite stellen.
9. Über den Reis Minzeblättchen und Pistazien streuen.

Dinkelnudeln mit Brokkoli

Portionen: 2

Zutaten

250 g Dinkelnudeln

175 g Brokkoli

100 g Schlagsahne

100 g Frischkäse

125 ml Gemüsebrühe

Salz

Pfeffer

etwas Kokosöl

Zubereitung

1. Nudeln in Salzwasser kochen, doch kurz bevor die Nudeln al dente sind, abgießen.
2. Brokkoli putzen, in Röschen teilen.
3. Kokosöl in einer Pfanne erhitzen.
4. Brokkoli zufügen, andünsten.
5. Mit Gemüsebrühe und Schlagsahne ablöschen, Brokkoli garen.
6. Frischkäse und Dinkelnudeln zum Brokkoli geben, 2 Minuten ruhen lassen, dann servieren.

Chicorée mit Schinken

Portionen: 2

Zutaten

4 Chicorées

4 Scheiben gekochter Schinken

65 g Butterkäse

20 g Butterstückchen

4 EL weißer Traubensaft

150 ml saure Sahne

Salz

Pfeffer

geriebene Muskatnuss

Zubereitung

1. Backofen auf 200 °C vorheizen, Auflaufform einfetten, mit Salz und Pfeffer bestreuen.
2. Chicorées putzen, die äußeren Blätter entfernen, dann längs halbieren, dabei den Teil am Blattsatz keilförmig entfernen.
3. Die Chicorées mit je einer Scheibe gekochten Schinken umwickeln.
4. Das eingewickelte Gemüse in die Auflaufform geben.
5. Traubensaft darüber träufeln.
6. Die Form in den Backofen stellen, Chicorées 10 Minuten garen.
7. Butterkäse reiben.
8. Nach Ende der Garzeit Butterstückchen, saure Sahne und Butterkäse über das Gemüse geben.
9. Nachwürzen mit Pfeffer und Muskat.
10. Die Form wieder in den Backofen stellen und weitere 10 Minuten überbacken.

Backofenkartoffeln

Portionen: 4

Zutaten

1 kg Kartoffeln

Salz

1 EL Olivenöl

grüner Pfeffer

Zubereitung

1. Backofen vorheizen auf 200 °C, Backblech mit Backpapier auslegen.
2. Kartoffeln gründlich schrubben, dann in Spalten schneiden.
3. Die Kartoffelspalten in einen Gefrierbeutel geben, Öl, Salz und Pfeffer zufügen.
4. Beutel verschließen und das Ganze kräftig und ausgiebig so lange schütteln, bis alle Kartoffelspalten mit der Öl-Gewürzmischung benetzt sind.
5. Die Kartoffelspalten auf dem Backblech verteilen.
6. Das Backblech in den Backofen schieben, die Kartoffeln 30 Minuten backen lassen, nach Belieben nachwürzen.

Spargel Bozner Art

Portionen: 2

Zutaten

750 g Spargel

1 TL Butter

Zucker

Meersalz

Soße

4 Eier

4 EL Gartenkräuter

3 EL Rapsöl

1 TL heller Balsamicoessig

Salz

Pfeffer

Zubereitung

1. Spargel schälen.
2. Wasser mit Meersalz, Zucker und Butter in einen Topf geben.
3. Spargel zufügen, das Ganze 20 Minuten garen.
4. *Soße*
5. Die Eier 7 Minuten kochen, dann schälen. Dotter auslösen, in ein Sieb geben, passieren.
6. Kräuter abbrausen, evtl. Blättchen abzupfen, hacken.
7. Die passierten Eigelbe in eine Schüssel geben.
8. Kräuter, Öl, Essig, Salz und Pfeffer zufügen, vermischen.
9. Eiweiße grob hacken, zu der Eigelb-Kräuter-Mischung geben, untermischen.

Risotto mit buntem Spargel

Personen: 4

Zutaten

300 g Risotto-Reis

500 g grüner Spargel

500 g weißer Spargel

4 Frühlingszwiebeln

4 EL gehackte Gartenkräuter

8 EL weißer Traubensaft

8 EL geriebener Butterkäse

4 EL Pinienkerne

4 EL Butter

Salz

Pfeffer

Zucker

1 l Gemüsebrühe

<u>Zubereitung</u>

1. Frühlingszwiebeln abziehen, hacken.
2. Kräuter abbrausen, evtl. Blättchen abzupfen, hacken.
3. Butterkäse reiben.
4. Weißen und grünen Spargel gründlich putzen, im unteren Drittel schälen, Enden abschneiden, dann stückeln.
5. Die Butter in einen Topf geben, erhitzen, Butter zerlassen.
6. Frühlingszwiebeln und Reis zufügen, glasig dünsten.
7. Gemüsebrühe aufkochen lassen.
8. Zum Reis so viel Brühe geben, dass der Reis bedeckt ist.
9. Den Reis bei mittlerer Temperatur garen lassen, dabei ab und zu umrühren. Sobald die Brühe aufgesogen ist, weitere Brühe nachgießen, 25 Minuten kochen lassen, bis der Reis gar ist.
10. Die Butter in einer Pfanne erhitzen.
11. Zucker und Spargelstücke zufügen, anbraten, würzen mit Salz und Pfeffer.
12. In einer beschichteten Pfanne Pinienkerne rösten.

13. Spargel, 4 EL Butterkäse, Kräuter zum Reis geben, mischen.
14. Pinienkerne und restlichen Butterkäse darüber streuen.

Bratlinge

Portionen: 4

Zutaten

400 g Kartoffeln vorwiegend festkochend

50 g geriebener junger Gouda

2 Frühlingszwiebeln

4 Karotten

1 Bund Petersilie

1 Bund Schnittlauch

Olivenöl

2 Eier

Salz

Pfeffer

geriebene Muskatnuss

Zubereitung

1. Kartoffeln zu Pellkartoffeln kochen, pellen, reiben.
2. Karotten putzen, raspeln.
3. Kräuter abbrausen, von der Petersilie die Blättchen abzupfen, hacken. Schnittlauch in feine Röllchen schneiden.
4. Kartoffeln, Karotten und Kräuter in eine Schüssel geben, mischen.
5. Geriebenen Gouda zufügen, das Ganze zu einem glatten Teig verarbeiten.
6. Die Eier nach und nach zufügen, in den Teig einarbeiten.

7. Mit Salz und Pfeffer würzen.
8. Olivenöl in einer Pfanne erhitzen.
9. Mit feuchten Händen aus dem Kartoffelteig Frikadellen formen.
10. Die Bratlinge in die Pfanne geben und von beiden Seiten goldbraun braten.

Hüftsteak vom Rind

Portionen: 4

Zutaten

4 Rinderhüftsteaks à 200 g

4 EL Olivenöl

2 TL süßer Senf

Meersalz

rosa Pfefferbeeren

Zubereitung

1. Öl in eine Schüssel geben.
2. Salz, Pfefferbeeren, Senf zufügen, gut verrühren.
3. Die Steaks von beiden Seiten mit der Mischung bestreichen.
4. Eine beschichtete Pfanne erhitzen, Steaks zugeben, nach Belieben beispielsweise medium braten oder aber durchgebraten.

Tipp:

Zu den Steaks passen Kartoffelecken. Backofenkartoffeln und Salat.

Kürbis aus dem Backofen

Portionen: 4

Zutaten

2 kleine Hokkaidokürbisse

1 Zwiebel

100 g Lauch

1 Möhre

Meersalz

Olivenöl

¼ Bund Petersilie

2 EL weißer Traubensaft

2 EL Kürbiskernöl

1 EL weißer Balsamicoessig

Pfeffer

Zubereitung

1. Backofen auf 200 °C vorheizen, Backblech mit Backpapier auslegen.
2. Kürbisse vierteln, entkernen, in Spalten schneiden.
3. Die Spalten mit Öl einpinseln, mit Salz bestreuen, auf das Backblech legen.
4. Das Blech in den Ofen schieben und die Kürbisspalten 20 Minuten backen.
5. Zwiebel abziehen, hacken.
6. Möhre putzen, evtl. schälen, klein schneiden.
7. Lauch putzen, in dünne Röllchen schneiden.
8. Petersilie abbrausen, hacken.
9. In einer hohen Pfanne oder einem Topf Olivenöl erhitzen.
10. Zwiebeln, Möhre, Lauch und Petersilie zufügen, dämpfen.
11. Kürbiskernöl, Balsamicoessig, Traubensaft in eine Schüssel geben.
12. Mit Salz und Pfeffer würzen, unter das Gemüse mischen.

13. Topf vom Herd nehmen, zur Seite stellen, abkühlen lassen.
14. Die Vinaigrette wird über die gegarten Kürbisspalten gegeben und beispielsweise mit Kartoffeln aus dem Backofen serviert.

Hähnchenbrust mit Reis und Pilzen

Portionen: 4

Zutaten

700 g Hähnchenbrust

300 g Reis

200 g Pfifferlinge

2 rote Paprikaschoten

2 orangefarbene Paprikaschoten

2 Zucchini

2 EL Crème fraîche

Salz

Pfeffer

etwa Kokosöl

2 TL hefefreie Gemüsebrühe ohne Glutamat

Zubereitung

1. Zucchini waschen, schälen, in Scheiben schneiden.
2. Hähnchenbrust abbrausen, mit Küchenkrepp trocken tupfen, in Streifen schneiden, würzen mit Salz und Pfeffer.
3. Pfifferlinge mit Küchenkrepp abreiben, Stiele entfernen.
4. Paprika waschen, entkernen, die weiße Fruchthaut entfernen, würfeln.
5. Reis nach Anleitung in der Gemüsebrühe garen.

6. Öl in einer Pfanne erhitzen, Hähnchenbruststreifen zufügen, scharf anbraten.
7. Zucchini, Paprika und Pfifferlinge zum Fleisch geben. Deckel auf die Pfanne legen, auf der ausgeschalteten noch warmen Herdplatte ziehen lassen.
8. Den gegarten Reis zur Fleisch-Gemüse-Mischung geben, verrühren.
9. Crème fraîche unter die Reis-Fleisch-Gemüse-Mischung heben, bei Bedarf nachwürzen.

Seelachs im Bratbeutel

Portionen: 2

Zutaten

1 Packung TK-Seelachs

2 Frühlingszwiebeln

2 Karotten

1 Zucchini

1 Noriblatt

2 Tassen Reis

1 EL Wasser

1 TL Olivenöl

1 EL getrocknete italienische Kräuter

Zubereitung

1. Backofen vorheizen auf 180 °C.
2. Den Bratschlauch abschneiden auf einer Länge von 50 cm.
3. An einem Ende den Bratschlauch verschließen.
4. Zucchini waschen, stückeln.
5. Karotten putzen, stückeln.

6. Zwiebeln abziehen, hacken.
7. Gemüse mit Kräutern in den Bratschlauch geben, Olivenöl und Salz zufügen.
8. Den Seelachs mit Salz bestreuen, mit 1 EL Wasser auf das Gemüse geben, Bratschlauch verschließen, oben ein kleines Loch einstechen.
9. Den Bratschlauch in eine Auflaufform legen, im Backofen 45 Minuten garen lassen.
10. Den Reis nach Packungsanleitung garen.
11. Noriblatt klein schneiden, unter den gegarten Reis mischen.

Chili mit wenig Histamin

Portionen: 4

Zutaten

400 g gemischtes Hackfleisch

200 g Reis

150 g Gemüsemais

60 g junger Gouda

60 g saure Sahne (Fettanteil 30 %)

50 g milde Paprikapaste

2 rote Paprika

3 Möhren

3 Zwiebeln

2 Knoblauchzehen

3 EL Olivenöl

300 ml Wasser

½ TL Salz

etwas Zucker

schwarzer Pfeffer

¼ TL Oregano

1 Lorbeerblatt

Zubereitung

1. Das Wasser mit Salz in einen Topf gießen, zum Kochen bringen.
2. Den Reis zufügen, aufkochen lassen.
3. Deckel auf den Topf geben, den Reis bei geringer Temperatur 15 Minuten köcheln lassen. Wenn der Reis das ganze Wasser aufgesogen hat, ist der Reis fertig.
4. Zwiebeln abziehen, hacken.
5. Paprika waschen, entkernen, weiße Fruchthäute entfernen, würfeln.
6. Möhren waschen, evtl. schälen, würfeln.
7. Knoblauch abziehen, hacken.
8. In eine Pfanne Olivenöl geben, erhitzen.
9. Zwiebeln, Knoblauch und Möhren zufügen, andünsten.
10. Hackfleisch zufügen, anbraten und dabei das Fleisch mit einem Kochlöffel zerpflücken.
11. Das restliche Gemüse zum Fleisch geben.
12. Würzen mit Salz, Pfeffer, Oregano Zucker, 15 Minuten garen lassen.
13. Mais zum Chili geben, weitere 5 Minuten köcheln lassen.
14. Käse reiben.
15. Reis, Käse und saure Sahne in Schälchen füllen und mit dem Chili servieren.

Frikadellen mit Kartoffelsalat

Portionen: 4

<u>Zutaten</u>

350 g mageres Rinderhackfleisch

50 g Knollensellerie

1 Zwiebel

1 Scheibe Toastbrot

1 Karotte

1 Ei

4 Zweige Thymian

½ Bund Petersilie

2 EL Olivenöl

1 EL mittelscharfer Senf

Salz

Pfeffer

Salat

1 kg vorwiegend festkochende Kartoffeln

1 Bund Radieschen

½ Bund Frühlingszwiebeln

4 EL Kräuteressig

2 EL fettarme Salatcreme

1 EL Olivenöl

Salz

Pfeffer

Kresse

150 ml hefefreie Gemüsebrühe

Zubereitung

1. Kartoffeln als Pellkartoffeln zubereiten, pellen, in Scheiben schneiden, in eine Schüssel geben.
2. Gemüsebrühe in einen Topf gießen, erhitzen.
3. Frühlingszwiebeln abziehen, Zwiebelgrün waschen, beides in Ringe schneiden.
4. In eine beschichtete Pfanne 1 EL Öl geben, erhitzen, das Weiße der Frühlingszwiebeln zufügen, dünsten. Ablöschen mit der heißen Gemüsebrühe.
5. Würzen mit Essig, Salatcreme, Salz, Pfeffer.
6. Das Ganze zu den Kartoffeln geben, mischen.
7. Radieschen putzen, in Scheiben schneiden, zu den Kartoffeln geben, mischen.
8. Kresse abbrausen, mit dem Zwiebelgrün zu den Kartoffeln geben.
9. Den Kartoffelsalat in den Kühlschrank stellen, einige Zeit ruhen lassen.
10. In eine kleine Schüssel warmes Wasser geben, Toastbrot zufügen, einweichen.
11. Zwiebel abziehen, hacken, Kräuter abbrausen, ebenfalls fein hacken.
12. Sellerie putzen, Karotte schälen, beides fein raspeln.
13. Hackfleisch in eine Schüssel geben, Ei und das ausgedrückte Toastbrot zufügen, miteinander verkneten.
14. Würzen mit Senf, Salz, Pfeffer.
15. Aus dem Fleischteig 12 Kugeln formen, diese mit den Händen flach drücken.

16. 2 EL Öl in eine beschichtete Pfanne geben, erhitzen, die Frikadellen von beiden Seiten braten.

Lammherz-Gulasch

Portionen: 4

Zutaten

800 g Lammherzen

10 Pflaumen

4 Süßkartoffeln

4 Zwiebeln

4 Möhren

4 Rote Bete

2 Knoblauchzehen

½ Knollensellerie

500 ml Knochenbrühe

4 EL Kokosöl

Salz

Pfeffer

4 EL Petersilie

Zubereitung

1. Lammherzen abbrausen, Silberhaut entfernen, Zugänge zu Adern und Adern abschneiden.
2. Rote Bete gründlich putzen, in Salzwasser garen, abgießen, grob stückeln. (Bei der Arbeit mit Roter Bete schützen Sie Ihre Hände mit Einweghandschuhen, das Gemüse färbt stark ab).
3. Knoblauch abziehen, hacken.
4. Zwiebeln abziehen, achteln.

5. Möhren putzen, evtl. schälen, würfeln.
6. Sellerie putzen, würfeln.
7. Süßkartoffeln waschen, schälen, würfeln.
8. Pflaumen waschen, entsteinen, achteln.
9. Lammherzen in kleine Stücke schneiden.
10. Kokosöl in einen Topf geben, erhitzen.
11. Lammfleisch zufügen, scharf anbraten, herausnehmen, zur Seite stellen.
12. Knoblauch, Zwiebeln in den Topf geben, anbraten.
13. Das restliche Gemüse zufügen, anbraten.
14. Knochenbrühe und Rote Bete in einen Mixer geben, pürieren.
15. Mit dem Knochenbrühe-Rote-Bete-Püree zur Gemüsemischung geben, ablöschen.
16. Fleisch zufügen, mischen, 45 Minuten köcheln lassen.
17. Pflaumen zufügen, mit Salz und Pfeffer würzen, einige Minuten köcheln lassen.
18. Petersilie abbrausen, trocken schütteln, hacken, über das Gulasch geben.

Kabeljau mit Gemüse

Portionen: 2

<u>Zutaten</u>

300 ml Gemüsebrühe

200 g Zuckerschoten

100 g Magerquark

100 g Naturjoghurt (Fettgehalt: 0 %)

4 Kabeljaufilets

2 Karotten

1 Zwiebel

1 Kohlrabi

1 Lauchstange

6 Stiele Dill

4 EL saure Sahne

2 EL Rapsöl

2 EL Zitronensaft

Salz

Pfeffer

Cayennepfeffer

Zubereitung

1. Zwiebel abziehen, in Würfel schneiden.
2. Lauch putzen, in Ringe schneiden.
3. Karotten, Kohlrabi gründlich waschen, schälen, in Streifen schneiden.
4. Zuckerschoten waschen, putzen.
5. Rapsöl in eine große beschichtete Pfanne geben, erhitzen. Zwiebel, Lauch zufügen, andünsten.
6. Kohlrabi, Karotten zugeben, dünsten, mit Salz, Pfeffer würzen.
7. Mit Gemüsebrühe ablöschen, weiter köcheln lassen.
8. Kabeljaufilets abspülen, trocken tupfen, mit Zitronensaft beträufeln, mit Salz, Pfeffer würzen.
9. Die Fischfilets auf das Gemüse legen, Pfanne mit Deckel abdecken, das Ganze 10 Minuten dünsten lassen.
10. Zuckerschoten zugeben, das Ganze nochmals 5 Minuten dünsten.

11. Sahne, in eine Schüssel geben, Quark und Joghurt zufügen, alles gründlich verrühren.
12. Dill abbrausen, Spitzen abzupfen, hacken, zur Quarkmischung geben, unterrühren. Mit Salz, Pfeffer, würzen. Pikant abschmecken mit Cayennepfeffer, Zitronensaft.
13. Fisch, Gemüse und die Quarkmischung auf zwei Teller anrichten.

Pangasius mit Gemüse

Portionen: 4

Zutaten

400 g Pangasiusfilet

2 EL Öl

2 EL Mehl

1 EL Zitronensaft

4 Karotten

1 fingernagelgroßes Stück Ingwer

1 Lauchstange

1 Zitrone

200 ml Sahne

50 ml hefefreie Gemüsebrühe

1 EL Öl

1 TL Mehl

1 TL Curry

Salz

Pfeffer

Dill

Zubereitung

1. Fischfilet kurz abspülen, trocken tupfen, mit Zitronensaft beträufeln.
2. Ingwer waschen, schälen, reiben.
3. Karotten waschen, evtl. schälen, in schräge Scheiben schneiden.
4. Lauch putzen, in schräge Scheiben schneiden, die Ringe auseinander zupfen.
5. In einer beschichteten Pfanne Öl erhitzen, Karotten, Ingwer, Lauch zufügen, andünsten.
6. Ablöschen mit Gemüsebrühe, Deckel auf die Pfanne legen, das Ganze 6 Minuten garen.
7. Das Gemüse mit Mehl bestäuben, Sahne zufügen, verrühren. Würzen mit Salz, Pfeffer und Curry, aufkochen lassen, dann warm stellen.
8. Öl in einer weiteren Pfanne erhitzen.
9. Fischfilets in Mehl wenden, in die heiße Pfanne geben, von beiden Seiten goldgelb braten.
10. Das Gemüse nochmals abschmecken, evtl. nachwürzen.
11. Die Fischfilets in der Mitte durchschneiden, mit Zitronenspalten und Dill garnieren, mit dem Gemüse servieren.

Tipp:

Dazu passt hervorragend Basmatireis.

Salate

Salate sind gesund, darum sollte jeden Tag mindestens eine Portion Salat auf den Tisch kommen. Wir präsentieren Ihnen nachfolgend leckere Salatideen zum Nachmachen.

Käsesalat

Portionen: 4

<u>Zutaten</u>

100 g Mozzarella

100 g Butterkäse

200 g saure Sahne

400 g grüner Spargel

100 g Salatgurke

½ gelbe Paprikaschote

2 EL weißer Traubensaft

Pfeffer

Meersalz

2 TL Schnittlauch

2 TL Zitronenmelisse

2 TL Petersilie

Zubereitung

1. Spargel putzen, holzige Enden entfernen, in Stücke schneiden.
2. Wasser in einen Topf gießen, Salz zufügen, aufkochen.
3. Spargel zugeben, 20 Minuten garen, dann abgießen, zur Seite stellen.
4. Mozzarella abtropfen lassen, würfeln.
5. Butterkäse würfeln.
6. Paprika waschen, entkernen, weiße Fruchthäute entfernen, würfeln.
7. Salatgurke schälen, ebenfalls würfeln.
8. Spargel, Mozzarella, Butterkäse, Paprika und Salatgurke in eine Schüssel geben, mischen.

9. Saure Sahne zufügen, das Ganze miteinander gut vermischen.
10. Würzen mit Salz, Pfeffer, Traubensaft und die vorbereiteten Kräuter zufügen, nochmals mischen.

Eier-Apfel-Salat

Portionen: 2

Zutaten

4 Eier, Größe M

1 säuerlicher Apfel

2 Gewürzgurken

1 kleine rote Zwiebel

3 EL Joghurt (Fettgehalt: 1,5 %)

2 EL Mayonnaise (Fettgehalt: 4,8 %)

1 EL Sonnenblumenkerne

1 EL Weißweinessig

1 TL Curry

Salz

Pfeffer

Cayennepfeffer

2 Stiele Petersilie

Zubereitung

1. Eier hart kochen, abschrecken, abkühlen lassen.
2. *Dressing*: Joghurt und Mayonnaise in eine Schüssel geben, verrühren.
3. Essig zufügen, unterrühren, mit Salz, Pfeffer, Curry würzen. Pikant abschmecken mit Cayennepfeffer.

4. Apfel waschen, schälen, Kerngehäuse entfernen, Apfel in kleine Würfel schneiden.
5. Petersilie abbrausen, hacken.
6. Zwiebel abziehen, in Ringe schneiden, Gewürzgurken würfeln.
7. Eier pellen, klein schneiden.
8. Alles, außer die Sonnenblumenkerne in eine Schüssel geben, mischen.
9. Dressing über das Ganze gießen, vermischen.
10. Über den Eiersalat Sonnenblumenkerne streuen.

Fenchelsalat

Portionen: 4

Zutaten

1 Apfel

1 Fenchelknolle

30 g Kürbiskerne

300 g saure Sahne

Salz

Pfeffer

2 EL weißer Traubensaft

Zubereitung

1. Fenchel waschen, der Länge nach halbieren, Strunk entfernen. Fenchel würfeln.
2. Den Apfel entkernen, waschen, in feine Streifen schneiden.
3. Traubensaft, Sahne, Salz und Pfeffer in eine Schüssel geben, verrühren.

4. Apfel und Fenchel zufügen, vermischen.
5. Eine beschichtete Pfanne erhitzen, Kürbiskerne zufügen, rösten, dann hacken und über den Salat geben.

Rote-Bete-Salat mit Apfel

Portion: 1

Zutaten

1 Apfel

1 Rote Bete

1 ganz kleine Frühlingszwiebel

gehackte Petersilie, Dill, Basilikum und andere Kräuter (ergeben gemeinsam 2 EL)

weißer Traubensaft

Rapsöl

weißer Balsamicoessig

Salz

Zubereitung

1. Kräuter abbrausen, evtl. Blättchen abzupfen, fein hacken.
2. Frühlingszwiebel abziehen, fein hacken.
3. Rote Bete waschen, schälen, so fein als möglich raspeln. (Bei der Verarbeitung von Roter Bete ist es sinnvoll, die Hände mit Einmalhandschuhen vor der Farbe des Gemüses zu schützen).
4. Apfel waschen, mit der Schale so fein als möglich reiben.
5. Öl, Essig, weißen Traubensaft in eine Schüssel geben.
6. Gehackte Kräuter und Zwiebel zufügen, mischen.
7. Den Salat nach Belieben mit Kürbiskernen oder andere Kernen bestreuen.
8. Salat mit Sellerie und Mango

Portionen: 4

Zutaten

400 g Sellerie

2 Mangos (reif für den Verzehr)

2 Salatherzen

Zitronensaft

2 EL weißer Balsamicoessig

4 EL Rapsöl

bunter Pfeffer

2 TL Honig

Meersalz

Zubereitung

1. Sellerie waschen, schälen, raspeln, Zitronensaft darüber träufeln.
2. Mangos schälen, entsteinen, Fruchtfleisch lösen, ¾ des Fruchtfleisches würfeln.
3. Das restliche Mangofruchtfleisch in den Mixer geben.
4. Öl zufügen.
5. Das Ganze im Mixer zu einem Püree verarbeiten.
6. Würzen mit Salz und Pfeffer, mit Honig abschmecken.
7. Von den Salatherzen einen eventuellen Strunk entfernen, die Blätter abmachen, waschen, abtropfen lassen, dann in Streifen schneiden.
8. Öl und Essig in eine Schüssel gießen.
9. Mangopüree zufügen, vermischen.
10. Salatblätter, Mangofruchtfleisch, Sellerie zufügen, alles gut durchmischen. Nochmals abschmecken und nach Belieben nachwürzen.

Fenchel-Ackersalat

Portionen: 2

Zutaten

100 g Ackersalat

½ Rote Bete

½ Fenchelknolle

50 g Ziegenfrischkäse

1 EL Apfelessig

1 Frühlingszwiebeln

2 EL Rapsöl

½ TL Honig

Meersalz

Pfeffer

Zubereitung

1. Ackersalat putzen, verlesen, waschen, mit der Salatschleuder trocken schleudern.
2. Rote Bete waschen, schälen, reiben. (Bei der Verarbeitung von Roter Bete sollten Sie Ihre Hände mit Einweghandschuhen vor der Farbe schützen).
3. Fenchel waschen, Strunk entfernen, die Knolle in Streifen schneiden.
4. Frühlingszwiebeln abziehen, hacken.
5. Frühlingszwiebeln in eine Schüssel geben.
6. Essig, Öl, Honig, Salz und Pfeffer zufügen, gut vermischen.
7. Ackersalat, Rote Bete und Fenchel zufügen, durchmischen.
8. Zum Schluss Frischkäse über den Salat geben.

Mittelmeersalat

Portionen: 2

Zutaten

325 g Brokkoli

75 g roter Paprika

50 g Feta aus Schafsmilch

1 ½ Frühlingszwiebeln

½ Knoblauchzehe

¼ Bund Petersilie

2 EL Olivenöl

1 EL Balsamico

Salz

Pfeffer

Zubereitung

1. Brokkoli in Röschen teilen, putzen, abtropfen lassen.
2. Salzwasser in einem Topf zum Kochen bringen. Brokkoli hineingeben, 5 Minuten dünsten, abschütten und abkühlen lassen.
3. Zwiebeln abziehen, in Ringe schneiden.
4. Paprika waschen, stückeln.
5. Brokkoli mit Zwiebeln und Paprika in eine Schüssel geben.
6. *Dressing*: Balsamico in eine weitere Schüssel geben, würzen mit Salz, Pfeffer. Öl zufügen, unterrühren.
7. Petersilie abbrausen, Blättchen abzupfen, hacken, zum Dressing geben, mischen.
8. Dressing über dem Gemüse geben, durchmischen.
9. Feta würfeln, zum Salat geben, mischen.

Feld-Tomatensalat

Portionen: 4

Tomaten sollen zwar einen Histaminüberschuss haben, doch diesen Salat wollen wir Ihnen nicht vorenthalten. Sie können die Tomaten weglassen oder beispielsweise durch Paprika oder Chili ersetzen. Wenn Sie jedoch Tomaten gut vertragen, dann probieren Sie diesen köstlichen Salat.

Zutaten

200 g Feldsalat

600 g Cocktailtomaten

2 Äpfel

2 Zwiebeln

4 EL Rapsöl

4 EL Weißweinessig

4 Ziegenfrischkäse-Taler (Gewicht je Taler: 40 g)

2 TL mittelscharfer Senf

2 TL Reissirup

Salz

Pfeffer

Zubereitung

1. Den Grill vom Backofen vorheizen, 1 Backblech mit Backpapier auslegen.
2. Feldsalat verlesen, größere Wurzelansätze entfernen, Salat waschen, trocken schleudern.
3. Tomaten waschen, halbieren.
4. Äpfel waschen, Kerngehäuse entfernen, Äpfel in Scheiben schneiden.
5. *Dressing*

   Zwiebeln abziehen, fein würfeln, in eine Schüssel geben.

6. Essig mit Reissirup verrühren, Senf zufügen, mischen. Würzen mit Salz, Pfeffer. Rapsöl zugeben, unterschlagen.
7. Die Käsetaler auf das Backblech legen, im Backofen 4 Minuten gratinieren lassen.
8. Feldsalat, Äpfel, Tomaten zum Dressing geben, alles gut vermischen.
9. Käsetaler mit dem gemischten Salat anrichten.

Gurkensalat mit Chili

Portionen: 4

Zutaten

1 Salatgurke

1 rote Chilischote

4 Stiele Koriander

1 daumennagelgroßes Stück Ingwer

2 EL Olivenöl

2 EL heller Balsamico

1 TL Zitronensaft

1 TL Honig

Salz

weißer Pfeffer

Zubereitung

1. Gurke waschen, der Länge nach halbieren, in Scheiben hobeln, in eine Schüssel geben.
2. Chilischote waschen, halbieren, entkernen, würfeln.
3. Koriander abbrausen, hacken.

4. Ingwer abwaschen, schälen, würfeln.
5. Eine Pfanne mit Öl erhitzen, Ingwer zufügen, andünsten.
6. Honig zufügen, verrühren, Pfanne vom Herd nehmen, das Ganze abkühlen lassen.
7. Zitronensaft und Essig zum Ingwer geben, einrühren, würzen mit Salz, Pfeffer.
8. Die Ingwer-Honig-Mischung zu den Gurkenscheiben geben, mischen.
9. Chili und Koriander zufügen, durchmischen.

Putenbrustsalat

Portionen: 4

Zutaten

300 g Putenbrustfilet

150 g Gewürzgurken

4 Eier

2 Äpfel

2 Stangen Staudensellerie

1 Bund Schnittlauch

200 g Magermilchjoghurt

1.000 ml Wasser

1 EL Öl

2 EL Weißweinessig

1 TL Meerrettich aus dem Glas

Salz

Pfeffer

Zitronensaft

<u>Zubereitung</u>

1. Putenbrustfilet abspülen, trocken tupfen, mit Salz, Pfeffer würzen.
2. Öl in einer beschichteten Pfanne erhitzen, Filet zufügen, von beiden Seiten scharf anbraten. Hitze reduzieren, das Filet garen lassen.
3. Sellerie waschen, in Scheiben schneiden.
4. Äpfel waschen, schälen, würfeln, Zitronensaft über die Würfel träufeln.
5. Gurken würfeln.
6. Joghurt und Meerrettich in eine Schüssel geben, verrühren.
7. Äpfel und Gurken zufügen, mischen.
8. Das gegarte Filet stückeln.
9. Schnittlauch abbrausen, trocken schütteln, hacken.
10. Schnittlauch und die Hälfte der Fleischstücke zum Salat geben, mischen.
11. Würzen mit Salz, Pfeffer und Zitronensaft.
12. Den Salat auf vier Teller verteilen.
13. Das Wasser in einen Topf gießen, Essig zufügen, zum Kochen bringen, Hitze reduzieren.
14. Die Eier vorsichtig aufschlagen, das Innere der Eier gemächlich und vorsichtig in das heiße Wasser geben.
15. Die verlorenen Eier 3 Minuten garen.
16. Die Eier mit einem Schaumlöffel aus der Wasser-Essig-Mischung holen, abtropfen lassen.
17. Auf jeden Salatteller ein Ei geben, mit Selleriegrün und Schnittlauch bestreuen.

Bulgursalat

Portionen: 4

Tomaten sollen zwar einen Histaminüberschuss haben, doch diesen Salat wollen wir Ihnen nicht vorenthalten. Sie können die Tomaten weglassen oder beispielsweise durch Paprika oder Chili ersetzen. Wenn Sie jedoch Tomaten gut vertragen, dann probieren Sie diesen köstlichen Salat.

<u>Zutaten</u>

200 g grober Bulgur

400 ml Gemüsebrühe

2 Fleischtomaten

2 Möhren

2 kleine Salatgurken (Gewicht je Gurke: ca. 125 g)

2 Zweige Minze

1 Bund Petersilie

Salz

Pfeffer

gemahlene Muskatnuss

Dressing

2 EL heller Balsamico

8 EL Olivenöl

1 Prise Zucker

½ TL gemahlener Kreuzkümmel

Salz

Pfeffer

<u>Zubereitung</u>

18. Gemüsebrühe zubereiten.
19. Einen großen Topf erhitzen, Bulgur zufügen, kurz rösten.

20. Ablöschen mit Gemüsebrühe, das Ganze bei niedriger Hitze 15 Minuten unter ständigem Rühren garen lassen.
21. Gurken waschen, evtl. schälen, würfeln.
22. Tomaten waschen, Stielansatz herausschneiden, würfeln.
23. Möhren waschen, schälen, grob raspeln.
24. Minze und Petersilie abbrausen, Blättchen abzupfen, hacken.
25. *Dressing*

    Essig in eine Schüssel geben, Salz, Pfeffer zufügen, mischen.
26. Kreuzkümmel, Zucker zugeben, mischen. Olivenöl zufügen, unterschlagen.
27. Den erkalteten Bulgur in eine Schüssel geben, Gemüse zufügen, mischen.
28. Kräuter zufügen, nochmals kräftig durchmischen.
29. Über den Salat das Dressing gießen, vermischen. Würzen mit Salz, Pfeffer, mit Muskat pikant abschmecken.

Orientalischer Salat

Portionen: 6

<u>Zutaten</u>

12 kleine runde Ziegenkäse

2 rote Paprika

2 gelbe Paprika

2 grüne Paprika

2 Möhren

2 rote Chilischoten

2 Limetten

2 Frühlingszwiebeln

2 Knoblauchzehen

2 Bund Petersilie

2 Bund Koriander

2 Bund Minze

2 Bund Dill

1 Salatgurke

6 EL Olivenöl

4 EL Kürbiskernöl

4 TL Ahornsirup

Salz

Pfeffer

Zubereitung

1. Backofen auf Umluft 180 °C vorheizen, Auflaufform mit Backpapier auslegen.
2. Die Paprika waschen, entkernen, weiße Fruchthäute entfernen, grob würfeln.
3. Möhren waschen, würfeln.
4. Salatgurke waschen, würfeln.
5. Knoblauch abziehen, fein hacken.
6. Chilischote waschen, halbieren, entkernen, fein hacken.
7. Frühlingszwiebeln abziehen, in Scheiben schneiden.
8. Kräuter abbrausen, Blättchen abzupfen, hacken.
9. Das Gemüse mit den Kräutern in eine Schüssel geben, mischen. Knoblauch, Zwiebeln und Chili zufügen, vermengen.
10. Limetten waschen, auspressen, Saft auffangen, die Schalen abreiben.

11. *Dressing*

    Öl und Limettensaft mit der Limettenschale in eine Schüssel geben, mischen. Würzen mit Salz, Pfeffer.

12. Das Dressing über den Salat gießen, gründlich vermischen.
13. Die Käsetaler in der Auflaufform verteilen, mit Ahornsirup und Kürbiskernöl bestreichen, die Form in den Backofen stellen, backen, bis der Käse anfängt, zu verlaufen.
14. Den Salat auf Tellern anrichten, Ziegenkäsetaler in die Mitte legen, mit einigen Minze- und Korianderblättern garnieren.
15. An den Tellerrand einige Tropfen Ahornsirup und Kürbiskernöl verteilen.

Leichter Kartoffelsalat

Portionen: 4

Zutaten

1 kg festkochende Kartoffeln

2 rote Zwiebeln

1 Bund Frühlingszwiebeln

1 Bund frische Petersilie

1 Bund frischer Dill

1 Zitrone

Salz

Öl

Zubereitung

1. Kartoffeln zu Pellkartoffeln kochen, pellen und abkühlen lassen, dann würfeln und in eine Schüssel geben.
2. Zwiebeln und Frühlingszwiebeln abziehen, in Ringe schneiden.
3. Kräuter abbrausen, trocken schütteln, hacken.

4. Zwiebeln und Kräuter zu den Kartoffelwürfeln geben.
5. Zitrone auspressen, Saft auffangen, Salz und Öl zufügen, mischen.
6. Die Mischung zu den Kartoffel-Zwiebel-Würfeln geben, vermischen.
7. Würzen mit Salz und evtl. mit Zitronensaft abschmecken.

Gurkensalat mit Ingwer und Chili

Portionen: 2

<u>Zutaten</u>

1 kleine Salatgurke

1 kleine rote Chilischote

2 Stiele Koriander

1 daumennagelgroßes Stück Ingwer

1 EL Olivenöl

1 EL Balsamico Blanco

½TL Zitronensaft

½ TL Honig

Salz

weißer Pfeffer

<u>Zubereitung</u>

1. Gurke waschen, der Länge nach halbieren, in Scheiben hobeln, in eine Schüssel geben.
2. Chilischote waschen, halbieren, entkernen, würfeln.
3. Koriander abbrausen, hacken.
4. Ingwer abwaschen, schälen, würfeln.
5. Eine Pfanne mit Öl erhitzen, Ingwer zufügen, andünsten.

6. Honig zufügen, verrühren, Pfanne vom Herd nehmen, das Ganze abkühlen lassen.
7. Zitronensaft und Essig zum Ingwer geben, einrühren, würzen mit Salz, Pfeffer.
8. Die Ingwer-Honig-Mischung zu den Gurkenscheiben geben, mischen.
9. Chili und Koriander zufügen, durchmischen.

Pfannkuchen, Pizza und Co

Schnell zubereitet sind Pfannkuchen. Das gilt auch für Pizza und Co. Mit Höchstgeschwindigkeit kommen Pizza und Co auf den Tisch. Auch wer unter einer Histaminintoleranz leidet, kann von diesen Köstlichkeiten profitieren. Lassen Sie sich überraschen!

Pfiffige Pfannkuchen mit Kräutern

Portionen: 2

Zutaten

250 g Dinkelmehl, Typ 630

375 ml Milch

3 Eier

1 TL Meersalz

Kokosöl (alternativ Olivenöl)

1 gute Handvoll gemischte Kräuter

(Petersilie, Majoran, Oregano, Melisse,

Thymian, Schnittlauch, Dill)

Zubereitung

1. Kräuter abbrausen, hacken.
2. Das Mehl in eine Schüssel sieben. Salz, Eier und Milch zufügen.

3. Das Ganze zu einem nicht zu dickflüssigen Teig verarbeiten. Sollte der Teig zu flüssig sein, noch etwas Mehl zufügen; ist der Teig zu dickflüssig, noch etwas Milch zufügen.
4. Die Schüssel mit einem Küchentuch abdecken und 30 Minuten ruhen lassen.
5. Kräuter zum Teig geben, alles so lange durchmischen, bis der Teig eine grüne Farbe angenommen hat.
6. In einer Pfanne Öl erhitzen, den Teig portionsweise zu Pfannkuchen ausbacken.

Tipp:

Die Pfannkuchen schmecken köstlich mit einer Füllung aus Schinken oder Butterkäse.

Wer gerne Suppen isst, der kann die Pfannkuchen in schmale Streifen schneiden, in eine Gemüsebrühe geben und hat eine schmackhafte Flädlessuppe.

Kräuterpfannkuchen

Portionen: 4

Zutaten

250 g Dinkelmehl, Typ 630

5 EL Rapsöl

1 rote Zwiebel

3 Eier

1 TL Basilikum

1 TL Petersilie

½ TL Dill

350 ml Milch

Salz

Zubereitung

1. Mehl, Salz, Milch und Eier in einen Mixer geben, vermischen.
2. Aus dem Ganzen einen glatten, dünnen Teig herstellen.
3. Den Mixer mit einem Küchentuch abdecken, den Teig 30 Minuten ruhen lassen.
4. Zwiebel abziehen, hacken.
5. Kräuter abbrausen, Blättchen abzupfen, hacken.
6. Kräuter und Zwiebel zum Teig geben, mischen.
7. Etwas Öl in einer beschichteten Pfanne erhitzen.
8. Den Teig portionsweise zu Pfannkuchen backen.

Crêpes

Portionen: 1 - 2

Zutaten

125 g Dinkelmehl, Typ 630

2 Eier

250 ml Milch

1 ½ TL Rapsöl

½ TL Meersalz

Zubereitung

1. Das Mehl in eine Schüssel sieben.
2. Eier, Öl, Salz und Milch zufügen, gut vermischen.
3. Die Schüssel mit einem Tuch abdecken, den Teig 15 Minuten ruhen lassen.
4. Wenn Sie ein Crêpe-Eisen haben, dann geben Sie den Teig portionsweise dort hinein und lassen die Crêpes goldbraun backen.
5. Alternativ können Sie eine Pfanne verwenden, den Teig portionsweise hineingeben und hauchdünne Pfannkuchen backen.

Paprika-Pizza

Portionen: 1 Pizza

Zutaten

300 g Dinkelmehl, Typ 630

250 ml Buttermilch

1 Päckchen Weinsteinbackpulver

Salz

3 EL Olivenöl

Belag

2 rote Paprika

1 Schalotte

Meersalz

Pfeffer

Basilikum

Oregano

4 EL Olivenöl

Mozzarella, Butterkäse oder junger Gouda zum Reiben

Zubereitung

1. Backofen vorheizen auf 180 °C, 1 Backblech mit Backpapier auslegen.
2. Für den Boden:

   Das Mehl mit Backpulver mischen, in eine Schüssel sieben.
3. Salz, Olivenöl und Buttermilch zufügen, mischen.
4. Das Ganze zu einem glatten Teig verarbeiten.

5. Den Teig auf eine bemehlte Arbeitsfläche geben, mit einem bemehlten Nudelholz zu einem Viereck auswellen, auf das Backblech legen.
6. Paprika waschen, die Haut abziehen, entkernen, weiße Fruchthäute entfernen, würfeln.
7. Schalotte abziehen, hacken.
8. Schalotte und Paprika in eine Schüssel geben, mischen.
9. Basilikum und Oregano abbrausen, Blätter abzupfen, hacken.
10. Die Kräuter zum Paprika-Schalotten-Mix geben, mischen.
11. Die Mischung mit einem Stabmixer pürieren, in einen Topf geben, garen.
12. Käse reiben.
13. Mit dem gegarten Paprikapüree den Teig bestreichen.
14. Den geriebenen Käse darüber streuen.
15. Das Blech in den Ofen schieben und 35 Minuten backen.

Salzkuchen mit Schnittlauch

Portionen: 1 Salzkuchen

Zutaten

250 g Dinkelmehl, Typ 1050

60 g zimmerwarme Butter

120 ml Milch

Meersalz

500 g saure Sahne

Meersalz

3 Eier

1 Bund Schnittlauch

Zubereitung

1. Backofen auf 180 °C vorheizen, Springform mit Backpapier auslegen oder einfetten.

2. Mehl, Salz, Butter und Milch in eine Schüssel geben, mit dem Knethaken der Küchenmaschine oder des Handmixers zu einem festen Teig verarbeiten.
3. Den Teig auf eine bemehlte Arbeitsfläche legen, mit dem Nudelholz zu einem Kreis ausrollen. In die Springform geben, dabei einen Rand ausarbeiten.
4. Schnittlauch abbrausen, hacken.
5. Sahne, Eier, Salz und Schnittlauch in eine Schüssel geben, gut miteinander verquirlen.
6. Das Ganze auf den Teig geben, die Form in den Ofen schieben.
7. Den Salzkuchen 35 Minuten backen.

Tipp:

Der Salzkuchen ist auch ein köstliches Abendessen und eignet sich ebenfalls zum Mitnehmen für die Mittagspause am Arbeitsplatz.

ähHääHH

Desserts

Wir alle lieben das Süße nach einer guten Mahlzeit. Auch diejenigen, die unter einer Histaminintoleranz leiden, müssen auf einen leckeren Nachtisch nicht verzichten. Sehen Sie selbst!

Pannacotta

Portionen: 4

<u>Zutaten</u>

300 ml Sahne

250 ml Milch

½ TL Zitronenöl

2 EL Zucker

6 Blatt Gelatine

1 Zimtstange

Zubereitung

1. Milch, Sahne, Zucker und Zimt in einen Topf geben, aufkochen, danach 2 Minuten köcheln lassen.
2. Gelatine in kaltem Wasser einweichen, nach Anweisung auflösen, in die Milch-Sahne-Mischung einrühren.
3. Das Ganze in runde Formen füllen, abkühlen lassen, dann in den Kühlschrank stellen.
4. Servieren: Pannacotta aus den Formen lösen, auf Teller geben, mit Früchten oder Mus servieren.

Sauerkirschen-Auflauf

Portionen: 4

Zutaten

100 g Zucker

500 g Magerquark

75 g Dinkelgrieß

1 Glas Sauerkirschen (Abtropfgewicht: 450 g)

3 Eigelbe

2 EL Zitronensaft

Zubereitung

1. Backofen auf 200 °C vorheizen, 1 Auflaufform einfetten
2. Eigelbe und Zucker in eine Schüssel geben, cremig rühren.
3. Zitronensaft, Quark und Dinkelgrieß zufügen, verrühren.
4. Sauerkirschen in ein Sieb geben, abtropfen lassen, unter die Quarkmischung heben.
5. Das Ganze in die Auflaufform geben, in den Backofen stellen, 35 Minuten backen.

Vanillesoße

Zutaten

350 ml Milch

1 Eigelb

4 EL Zucker

1 EL Kartoffelstärke

1 gemahlene Vanilleschote

Zubereitung

1. In einem Topf Milch, Kartoffelstärke erhitzen, mischen.
2. Dann Temperatur zurückdrehen und beides köcheln lassen.
3. Eigelb verquirlen, zur Milch geben, mischen. Unter ständigem Rühren das Ganze 5 Minuten köcheln lassen, bis die Soße die gewünschte Konsistenz hat.
4. Den Topf vom Herd nehmen, gemahlene Vanilleschote mit der Masse verrühren.

Tipp:

Passt ausgezeichnet zum Auflauf mit Sauerkirschen.

Süße Pfannkuchen

Portionen: 2

Zutaten

125 g Dinkelmehl, Typ 630

150 ml Milch

150 ml Wasser

2 Eier

Öl

Salz

Zubereitung

1. Alle Zutaten in eine Schüssel geben, mit dem Schneebesen der Küchenmaschine oder des Handrührgerätes vermischen.
2. Eine beschichtete Pfanne erhitzen, den Teig portionsweise in die Pfanne geben, die Pfannkuchen von beiden Seiten goldgelb backen.

Tipp:

Als Belag eignet sich alles, was Ihnen schmeckt, beispielsweise Marmelade, Ahornsirup, Honig.

Kokos-Schoko-Pudding

Portionen: 4

Zutaten

200 ml Kokosmilch

300 g Seidentofu

20 g Zucker

50 g Kakaopulver (teilweise entölt)

2 TL Instant-Kaffeepulver

½TL Vanillezucker

Zubereitung

1. Kokosmilch in eine hohe Rührschüssel gießen, Seidentofu zufügen, das Ganze gut vermischen und mit dem Stabmixer pürieren.
2. Die restlichen Zutaten zur Kokosmilchmischung geben, alles gut vermischen.
3. Den Pudding in Schälchen füllen, 1 Stunde in den Kühlschrank stellen, dann genießen.

Abendessen

Die Menschen sind unterschiedlich, ebenso wie ihre Essgewohnheiten. Beim Abendessen kommt das Sprichwort, von dem wir nur den letzten Satz nutzen, zum Einsatz: „Am Abend sollst du essen wie ein Bettler".

Wir haben keine speziellen Rezepte für das Abendessen gesammelt, sondern geben Ihnen dafür einige Tipps:

Abends sollten Sie leichte Gerichte zu sich nehmen, beispielsweise Gemüsesuppen, Pfannkuchen oder Omelette. Auch Gemüse der Saison gedämpft oder als Gemüsepfanne sowie Salate sind für ein sättigendes Abendessen geeignet.

Wir sind der Meinung, dass Sie sich das gewünschte Abendessen aus unserer Rubrik Hauptgerichte aussuchen, nachkochen und genießen können.

Brot / Brötchen

Zu beachten ist, dass Brot und Brötchen grundsätzlich mit Weinsteinbackpulver gebacken werden. Sauerteig, Hefe und andere Backfermente sind für diejenigen, die unter einer Histaminintoleranz leiden, nicht verträglich.

Aus unseren Grundrezepten können Sie viele leckere Brote und Brötchen, aber auch Pizzen backen. Viel Spaß beim Backen und Genießen.

Grundrezept für Öl-Quark-Teig

Zutaten

300 g Dinkelmehl, Typ 1050

150 g Magerquark

1 Päckchen Weinsteinbackpulver

6 EL Rapsöl

6 EL Milch

½ TL Meersalz

Zubereitung

1. Das Mehl in eine Schüssel sieben.
2. Backpulver und Salz zufügen, mischen.
3. Milch und Magerquark zufügen, das Ganze zu einem glatten Teig verarbeiten.

4. Entweder einen Brotlaib aus dem Teig formen oder diesen dünn auswellen und als Pizzateig auf das Backblech legen.

Grundrezept Pizzaboden

Zutaten

300 g Dinkelmehl, Typ 630

250 ml Buttermilch

1 Päckchen Weinsteinbackpulver

3 EL Olivenöl

½ TL Meersalz

Zubereitung

1. Das Mehl mit dem Backpulver in eine Schüssel sieben.
2. Salz, Olivenöl und Buttermilch zufügen, das Ganze zu einem glatten Teig verkneten.
3. Den Teig auf einer bemehlten Arbeitsfläche mit dem Nudelholz ausrollen, dann auf das mit Backpapier ausgelegte Backblech geben, belegen und backen.

Dinkelbrötchen

Portionen: 10 Brötchen

Zutaten

500 g Dinkelmehl, Typ 630

400 g Magerquark

1 Päckchen Weinsteinbackpulver

125 ml Milch

1 EL Rapsöl

2 TL Meersalz

Zubereitung

1. Backofen auf Umluft 175 °C vorheizen, 1 Backblech mit Backpapier auslegen.
2. Mehl, Salz, Backpulver in eine Schüssel geben, mischen.
3. Milch, Öl und Quark zufügen, das Ganze zu einem glatten Teig verarbeiten.
4. Aus dem Teig mit feuchten Händen 10 Brötchen formen.
5. Die Brötchen auf dem Backblech verteilen, im Ofen 20 Minuten backen

Brötchen aus Öl-Quark-Teig

Portionen: 10 Brötchen

<u>Zutaten</u>

250 g Dinkelmehl, Typ 1050

125 g Magerquark

50 ml Rapsöl

50 ml Milch

1 Päckchen Weinsteinbackpulver

1 Ei

½ TL Salz

<u>Zubereitung</u>

1. Backofen vorheizen auf 180 °C, Backblech mit Backpapier auslegen.
2. Mehl mit Backpulver in eine Schüssel sieben.
3. Öl, Salz, Ei und Magerquark sowie Milch zufügen.
4. Das Ganze zu einem glatten Teig verkneten.
5. Den Teig auf eine bemehlte Arbeitsfläche legen, eine Rolle daraus formen.

6. Von der Teigrolle 10 gleichgroße Stücke abschneiden.
7. Mit feuchten Händen aus den Stücken 10 Brötchen formen.
8. Die Brötchen auf dem Backblech verteilen, mit Milch bestreichen.
9. Das Backblech in den Ofen schieben, die Brötchen 20 Minuten backen.

Rosinenbrötchen

Portionen: 10 Brötchen

Zutaten

250 g Dinkelmehl, Typ 1050

125 g Magerquark

50 g Rosinen

20 g Sonnenblumenkerne

20 g Zucker

1 Päckchen Weinsteinbackpulver

75 ml Rapsöl

75 ml Milch

etwas Meersalz

Zubereitung

1. Backofen vorheizen auf 180 °C, Backblech mit Backpapier auslegen.
2. Mehl mit Backpulver in eine Schüssel sieben.
3. Die restlichen Zutaten zufügen.
4. Das Ganze zu einem glatten Teig verkneten.
5. Den Teig auf einer bemehlten Arbeitsfläche zu einer Rolle formen.
6. Aus der Rolle 10 gleichgroße Scheiben abschneiden.
7. Mit feuchten Händen die Scheiben zu Brötchen formen, diese auf

das Backblech verteilen.

8. Auf der Oberseite die Brötchen mit einem scharfen Messen schräg einschneiden.
9. Die Brötchen mit Milch bestreichen, nach Belieben mit Sonnenblumenkernen bestreuen.
10. Das Blech in den Ofen schieben, 20 Minuten backen.

Dinkelbrot

Portionen: 1 Brot

<u>Zutaten</u>

1 kg Dinkelmehl, Typ 1050

750 ml Wasser

2 Päckchen Weinsteinbackpulver

4 EL Leinsamen

4 EL Sonnenblumenkerne

1 EL Olivenöl

2 TL Salz

1 TL Zucker

etwas Sesam zum Bestreuen

<u>Zubereitung</u>

1. Backofen vorheizen auf 200 °C, 1 Backblech mit Backpapier auslegen oder eine Brotform einfetten.
2. Mehl mit Backpulver in eine Schüssel sieben.
3. Leinsamen, Sonnenblumenkerne, Salz, Zucker, Öl und Wasser zufügen.
4. Aus dem Ganzen einen geschmeidigen Teig kneten.

5. Den Teig auf eine bemehlte Arbeitsfläche legen und einen runden Brotlaib formen oder den Teig in die vorbereitete Brotform füllen.
6. Den Teig mit Sesam bestreuen, Backblech oder Brotform in den Ofen schieben, 1 Stunden backen.
7. Backofen ausschalten, das Brot weitere 15 Minuten im Backofen belassen.

Quarkbrot

Portionen: 1 Brot

Zutaten

500 g Mehl

500 g Quark

100 g zarte Haferflocken

2 Päckchen Weinsteinbackpulver

3 Eier

2 TL Salz

Zubereitung

1. Backofen vorheizen auf 200 °C, Backblech mit Backpapier auslegen oder eine längliche Brotform einfetten
2. Mehl mit Backpulver in eine Schüssel sieben.
3. Salz zufügen, mischen.
4. Eier und Quark zufügen, mit dem Knethaken des Handrührgerätes oder der Küchenmaschine das Ganze zu einem glatten Teig verarbeiten.
5. Haferflocken zugeben, kräftig unterkneten.
6. Den Teig auf eine bemehlte Arbeitsfläche legen, mit Mehl bestäuben, zu einem länglichen Brotlaib formen.

7. Mit einem scharfen Messer den Brotlaib der Länge nach einschneiden.
8. Den Laib auf das Backblech setzen oder in die Brotform geben.
9. Backblech oder Form in den Ofen schieben, das Brot 50 Minuten backen.

Kartoffelbrot glutenfrei

Portionen: 1 Brot

Zutaten

300 g Kartoffeln

100 g Hanfnussmehl

100 g braunes Hirsemehl

100 g gemahlene Haselnüsse

50 ml Olivenöl

3 EL Flohsamenschalen in Pulverform

1 EL Fibrex

2 EL Sonnenblumenkerne

1 EL Natron

150 ml Wasser

½ TL Salz

½ Zitrone

Zubereitung

1. Wasser in eine Schüssel füllen, Sonnenblumenkerne zufügen, über Nacht ruhen lassen.
2. Backofen auf Umluft 200 °C vorheizen, 1 Kastenform mit Backpapier auslegen.

3. Kartoffeln zu Pellkartoffeln verarbeiten, abgießen. Leicht abkühlen lassen, pellen, in eine Schüssel geben, zerdrücken.
4. Die restlichen Zutaten OHNE Natron und Zitrone zufügen, mischen.
5. Zitronenhälfte auspressen, den Saft mit dem Natron zum Teig geben, das Ganze mit den Händen zu einem glatten Teig verarbeiten.
6. Den Teig in die Kastenform füllen, im Backofen 40 Minuten backen.

Pikantes Hirsebrot

Portionen: 1 Brot

Zutaten

100 g Haferflocken

100 g Hirsemehl

60 g Sonnenblumenkerne

50 g Kürbiskerne

30 g Chiasamen

30 g Leinsamen

25 g gehackte Walnüsse

1 TL Flohsamenschalen in Pulverform

½ TL gemahlener Anis

½ TL Kreuzkümmel

½ TL Fenchel

½ TL Koriander

½ TL Salz

2 EL Olivenöl

200 ml Wasser

Zubereitung

1. Backofen auf 180 °C vorheizen, 1 Backblech mit Backpapier auslegen, einen Tortenring bereitstellen.
2. Alle Zutaten in eine Schüssel geben, das Ganze zu einem geschmeidigen, festen Teig verkneten.
3. Den Tortenring in die Mitte des Backblechs platzieren, den Teig in den Tortenring füllen, Oberfläche glatt streichen.
4. Das Backblech in den Ofen schieben, das Brot 25 Minuten backen.

Das andere Dinkelbrot

Portionen: 1 Brot

Zutaten

500 g Dinkelmehl, Typ 1050

1 TL Salz

1 Päckchen Weinsteinsteinbackpulver

500 ml Mineralwasser

Zubereitung

1. Backofen vorheizen auf 200 °C, 1 Backblech mit Backpapier auslegen oder 1 Brotbackform einfetten.
2. Mehl mit Backpulver in eine Schüssel sieben.
3. Salz zufügen, mischen.
4. Mineralwasser langsam zugießen und das Ganze zu einem geschmeidigen Teig verarbeiten.
5. Den Teig in die vorbereitete Backform geben oder auf einer bemehlten Arbeitsfläche zu einem runden Laib formen.
6. Den Brotlaib auf das Backblech legen.
7. Backblech oder Form in den Ofen schieben, 1 Stunde backen.
8. Das Brot nach Ende des Backvorgangs im Ofen 15 Minuten ruhen lassen.

Fladenbrot

Portionen: 1 Brot

Zutaten

400 g Dinkelmehl, Typ 1050

1 EL Öl

1 Päckchen Weinsteinbackpulver

200 ml lauwarmes Wasser

nach Belieben frische gehackte Kräuter

Meersalz

Zubereitung

1. Backofen vorheizen auf 220 °C, Backblech mit Backpapier auslegen.
2. Mehl mit Backpulver in eine Schüssel sieben.
3. Salz zufügen, mischen.
4. Wasser zugießen, das Ganze zu einem glatten Teig verarbeiten.
5. Den Teig in zwei Hälften teilen, jede Hälfte zu einem Fladen formen und auf das Backblech legen.
6. Die Fladen mit einer Gabel mehrmals einstechen, mit Öl bepinseln, mit Meersalz bestreuen. Nach Belieben auch mit Kräutern bestreuen.
7. Das Blech in den Ofen schieben und die Fladen 15 Minuten backen.

Kartoffelbrot mit Hirse

Portionen: 1 Brot

Zutaten

250 g Kartoffeln

100 g Goldhirsemehl

100 g Braunhirsemehl

100 g gemahlene Mandeln

½ Limette

3 TL Flohsamenschalen

1 TL Natron

nach Belieben Kräuter

2 EL Sonnenblumenkerne

2 EL Leinsamen

1 TL Salz

250 ml kaltes Wasser

100 ml heißes Wasser

<u>Zubereitung</u>

1. Backofen auf 180 °C Umluft vorheizen, eine mit Backpapier ausgelegte Kastenform.
2. Kartoffeln zu Pellkartoffeln verarbeiten, schälen, in eine Schüssel geben.
3. Mit dem Kartoffelstampfer, alternativ einer Gabel die Kartoffeln zerdrücken.
4. Das heiße Wasser zufügen und das Ganze zu Püree verarbeiten.
5. Alle weiteren Zutaten mit Ausnahme vom kalten Wasser und Natron zu den Kartoffeln geben.
6. Nach und nach das kalte Wasser zufügen, alles verquirlen.
7. Zum Schluss Natron zugeben, gut vermischen.
8. Den Teig in die Kastenform geben, in den Ofen stellen, 100 Minuten backen.

Joghurtbrot glutenfrei

Portionen: 1 Brot

Zutaten

650 g Joghurt (Fettgehalt 3,5 %)

550 g Mehlmischung, glutenfrei

2 Eier

3 EL Olivenöl

2 EL Flohsamenschalen

2 Päckchen glutenfreies Weinsteinbackpulver

2 EL glutenfreier, geschroteter Leinsamen

2 EL Sonnenblumenkerne

2 TL Salz

Zubereitung

1. Backofen auf 190 °C vorheizen, eine Kastenform entweder mit Backpapier auskleiden oder einfetten.
2. Mehl, Backpulver, Salz, Flohsamenschalen, Samen in eine Schüssel geben, mischen.
3. Öl, Eier und Joghurt zufügen, mit dem Knethaken vom Handrührgerät oder der Küchenmaschine das Ganze zu einem festen Teig verkneten. Der Teig sollte relativ zäh sein.
4. Den Teig in die Kastenform füllen, in den Backofen stellen, 50 Minuten backen.H

Kuchen und Kleingebäck

Kuchen und Kleingebäck dürfen auch an Histaminintoleranzbetroffene essen. Damit Sie diese Köstlichkeit auch unbeschwert genießen können, stellen wir für Sie einige Rezepte bereit. Wir wünschen viel Spaß beim Nachbacken und guten Appetit.

Mohnkuchen mit Schattenmorellen

Portionen: 1 Kuchen

Zutaten

180 ml Milch (Fettgehalt 3,5 %)

125 g Mohn

1 Glas Schattenmorellen ungesüßt (etwa 380 g)

300 g Zucker

200 g Dinkelmehl

100 g gemahlene Mandeln

350 g Butter

6 Eier

2 TL Vanillezucker

1 EL Puderzucker

3 TL Weinsteinbackpulver

Zubereitung

1. Backofen vorheizen auf 180 °C, ein Backblech mit Backpapier auslegen.
2. In einem Topf die Milch geben, erhitzen.
3. Mohn zugeben, unter Rühren das Ganze 3 Minuten köcheln lassen.
4. Den Topf vom Herd nehmen, Topf mit Deckel versehen, 10 Minuten ruhen lassen. Danach abkühlen lassen, bis die Masse lauwarm ist.
5. Kirschen in ein Sieb geben, abtropfen lassen.
6. Butter mit Zucker und Vanillezucker in eine Schüssel geben, mit dem Schneebesen der Küchenmaschine oder dem Handmi-

xer etwa 8 Minuten rühren, bis eine schaumige Masse entstanden ist.

7. Die Eier einzeln unter die Masse rühren, bis alle Eier unter den Teig gerührt sind.
8. Mehl, Mandeln, Backpulver mischen, abwechselnd mit der Mohnmischung unter die Ei-Butter-Mischung rühren.
9. Den Teig auf das Backblech geben, verstreichen.
10. Kirschen über den Teig verteilen, Blech in den Ofen schieben, 45 Minuten backen.
11. Den fertigen Kuchen mit Puderzucker bestäuben.
12. Sie können auch anstelle eines Backblechs eine Springform oder eine andere Form nehmen, aber auch mehrere Formen.

Apfelkuchen

Portionen: 1 Kuchen

Zutaten

200 g Dinkelmehl, Typ 630

700 g Äpfel

125 g Zucker

125 g Butter

3 Eier

1 Päckchen Weinsteinbackpulver

1 EL Milch (Fettgehalt 3,5 %)

1 EL Puderzucker

1 TL Zitronenschale

Zubereitung

1. Backofen auf 180 °C vorheizen, eine Springform einfetten.
2. Äpfel waschen, schälen, Kerngehäuse entfernen, vierteln.

3. Butter in eine Schüssel geben, Zucker und Eier zufügen, das Ganze schaumig schlagen (mit der Küchenmaschine oder dem Handmixer geht das sehr schnell).
4. Mehl und Backpulver mischen, zur Butter-Ei-Mischung geben.
5. Zitronenschale und Milch zufügen.
6. Das Ganze gut vermischen, bis der Teig eine geschmeidige Konsistenz hat.
7. Teig in die Form füllen.
8. Die Apfelviertel einritzen, auf dem Teig anordnen.
9. Die Form in den Ofen stellen, 50 Minuten backen.

Obstkuchen mit Streusel

Portionen: 1 Kuchen

<u>Zutaten</u>

Teig

200 g Mehl

150 g Butter

100 g Zucker

2 Eier

1 Päckchen Vanillezucker

2 TL Backpulver

Streusel

150 g Mehl

100 g Butter

75 g Zucker

1 Päckchen Vanillezucker

Belag

Obst nach Wahl

<u>Zubereitung</u>

1. Backofen auf Umluft 160 °C vorheizen, eine Springform leicht einfetten.
2. Mehl mit Backpulver mischen, in eine Schüssel sieben.
3. Butter, Zucker, Vanillezucker und Eier zufügen, das Ganze zu einem Rührteig verarbeiten.
4. Den Teig in die Springform füllen.
5. Das Obst für den Belag vorbereiten, auf dem Kuchenboden verteilen.
6. Mehl und Zucker in eine Schüssel geben, Vanillezucker zufügen, mischen.
7. Die Butter zufügen, das Ganze zu Streuseln verkneten.
8. Die Streusel über dem Belag verteilen.
9. Die Form in den Backofen stellen, 60 Minuten backen.

Kürbiskuchen

Portionen: 1 Kuchen

<u>Zutaten</u>

200 ml Kokosmilch

100 ml Wasser

5 EL Kokosöl

4 EL Kokosmehl

3 EL Gelatine

2 EL Wasser

2 EL Pfeilwurzelmehl

½ Hokkaidokürbis

1 TL Vanilleessenz

1 TL Zimt

Zubereitung

1. Backofen auf 180 °C vorheizen, eine Springform mit Backpapier auslegen.
2. Kürbis halbieren, entkernen, grob stückeln.
3. Die Kürbisstücke auf ein mit Backpapier ausgelegtes Backblech geben, in den Ofen schieben, 20 Minuten backen.
4. Kokosöl schmelzen lassen, in eine Schüssel geben.
5. Die Mehle, 2 EL Wasser, Zimt zufügen, mischen.
6. Das Ganze zu einem glatten Teig verarbeiten.
7. Den Teig in die Springform füllen, dabei den Teig am Boden der Form leicht andrücken.
8. Die Form in den Backofen schieben, 20 Minuten backen, dann auskühlen lassen.
9. Den gegarten Kürbis mit Vanilleessenz und Kokosmilch in den Mixer geben, pürieren.
10. 50 ml Wasser zum Kochen bringen.
11. 50 ml kaltes Wasser in eine Schüssel geben, Gelatine zufügen, auflösen, das heiße Wasser zufügen, verrühren.
12. Aufgelöste Gelatine, kaltes und heißes Wasser zum Kürbis geben.
13. Das Ganze im Mixer pürieren und die Masse auf dem Kuchenboden verteilen.
14. Den Kuchen über Nacht im Kühlschrank ruhen lassen.

Mandelkuchen

Portionen: 1 Kuchen

Zutaten

200 g gemahlene Mandeln

180 g Zucker

6 Eier

2 EL Puderzucker

2 TL glutenfreies Weinsteinbackpulver

2 TL geriebene Zitronenschale

etwas Zimt

etwas Salz

100 ml Olivenöl

<u>Zubereitung</u>

1. Backofen auf 180 °C vorheizen, Springform mit Öl ausstreichen, mit 2 EL gemahlenen Mandeln bestreuen.
2. Eier trennen, Eiweiße mit Salz zu einem steifen Schnee schlagen.
3. Unter Rühren 100 g Zucker einrieseln lassen, weiter schlagen, bis die eine glänzende Masse entstanden ist.
4. Restlicher Zucker, Eigelbe, Zimt, Zitronenschale in eine weitere Schüssel geben, cremig rühren.
5. Backpulver und Mandeln mischen, portionsweise zur Eigelbmasse geben.
6. Eischnee vorsichtig unter die Mandelteigmasse heben.
7. Das Ganze in die Springform füllen, diese in den Ofen stellen, den Kuchen 50 - 60 Minutenbacken, abkühlen lassen und erst dann aus der Form lösen. Mit Puderzucker bestreuen.

Pikante Muffins

<u>Zutaten</u>

250 g Dinkelmehl

125 g Schafskäse

20 steinlose Oliven

250 ml Milch (Fettgehalt 3,5 %)

75 ml Olivenöl

2 Eier

2 TL Backpulver

Oregano

Salz

Zubereitung

1. Backofen vorheizen auf 180 °C Umluft. Muffinblech mit Papierförmchen auslegen.
2. Schafskäse würfeln.
3. Oliven vierteln.
4. Milch, Eier und Öl in einer Schüssel geben, verrühren.
5. Mehl, Backpulver, Salz und Oregano mischen, zum Eier-Milch-Gemisch geben.
6. Das Ganze zu einem glatten Teig verkneten.
7. Käse und Oliven zufügen, unterheben.
8. Den Teig in die Muffinförmchen füllen, in den Ofen geben, 20 Minuten backen.

Banitza

Portionen: 1 Form

Zutaten

1.000 g Mehl

400 g Feta

100 g Butter

100 ml Pflanzenöl

7 Eier

1 Tasse Mineralwasser

½ Tasse Wasser

1 EL Essig

etwas Fett

Salz

1 EL Mehl

Zubereitung

1. Backofen auf 180 °C vorheizen, 1 runde Form einfetten, mit Mehl bestäuben.
2. Mehl in eine Schüssel geben. Das Wasser, Essig und eine Prise Salz zufügen, das Ganze zu einem glatten Teig verkneten. Den Teig in 6 Teile teilen, diese zu Bällchen formen, auf einen Teller legen. Die Teigbällchen mit Mehl bestäuben, abdecken und zur Seite stellen.
3. Für die Füllung 4 Eier in eine Schüssel aufschlagen, Feta zerbröckeln, zu den Eiern geben, verquirlen.
4. Butter in einen Topf geben, erhitzen, Butter schmelzen, Topf vom Herd nehmen.
5. Auf einer bemehlten Arbeitsfläche die Teigbällchen zu einem 2 mm dicken Kreis ausrollen.
6. Die Teigkreise wie folgt schichten: Einen Teigkreis in die Form geben, mit der geschmolzenen Butter bestreichen, etwas von der Ei-Feta-Mischung auf den Kreis geben, einen weiteren Teigkreis darüber legen, mit Butter bestreichen, Ei-Feta-Mischung verteilen. So lange schichten, bis der letzte Teigkreis auf der Füllung liegt.
7. Diesen mit Butter bestreichen.
8. Mineralwasser in eine Schüssel geben, die restlichen Eier zufügen, verquirlen.
9. Mit einem scharfen Messer die Banitza in Vierecke schneiden, die Eier-Mineralwasser-Mischung darüber gießen.
10. Die Form in den Backofen stellen, backen, bis die Banitza eine goldbraune Färbung angenommen hat.

Zusammenfassung

Wir sind ans Ende unseres kleinen Ratgebers gekommen. Wir hoffen, wir konnten Ihnen einige wichtige Tipps geben, die Ihnen helfen, die Symptome der Histaminintoleranz in den Griff zu bekommen. Zum Schluss noch eine Zusammenfassung über die Informationen, die wir in unserem Ratgeber für Sie zusammengetragen haben.

In unserem ersten Kapitel stellten wir Informationen über Histaminintoleranz zusammen. Histamin ist ein Gewebshormon, das im Körper als Botenstoff oder Neurotransmitter benötigt wird. Der Botenstoff ist für viele körpereigene Vorgänge zuständig, darunter auch für die Regulierung des Blutdrucks.

Die Symptome, die bei einer Histaminintoleranz vorkommen können, sind denen einer Allergie sehr ähnlich. Dies mag ein Grund dafür sein, dass viele Ärzte der Schulmedizin nicht an eine Histaminintoleranz glauben oder sich über diese nicht informiert haben.

Das Krankheitsbild ist zwar nicht selten, allerdings recht unbekannt. Über die Ursachen, die eine Histaminintoleranz auslösen können, gibt es noch keine Erkenntnisse. Allerdings gibt es eine Reihe Vermutungen; doch Vermutungen helfen in der Regel nicht weiter.

Die Symptome einer Histaminintoleranz können durch die Ernährung wesentlich beeinflusst werden. Es gibt viele Nahrungsmittel, die sehr viel Histamin beinhalten. Leider sind wir heute noch weit davon entfernt, dass die Histaminwerte auf der Verpackung angegeben werden. Das liegt aber auch daran, dass Histamin ein flexibler Wert und keine feste Konstante ist. Durch die Verarbeitung von Lebensmitteln verändert sich auch der Histaminwert. Dies bedeutet, dass auch Nahrungsmittel, die wenig Histamin beinhalten, beispielsweise durch die Konservierung einen hohen Histaminwert erhalten. Das hat auch für verschiedene Wurstarten wie Salami und geräucherten Schinken Gültigkeit. Auch Lebensmittel, die lange lagern, wie beispielsweise lang gereifter Käse, beinhaltet mehr Histamin als Frischkäse.

Fakt ist aber auch, dass wir Menschen sehr unterschiedlich sind. Vertragen einige der Betroffenen Tomaten und geräucherten Schinken problemlos, können diese Lebensmittel bei anderen Betroffenen Symptome auslösen. Sie haben es selbst in der Hand, die Lebensmittel herauszusuchen, die für Sie unproblematisch sind; dies bedeutet, dass Sie nach dem Verzehr keine Symptome bekommen. Wir haben deshalb geraten, dass jeder Betroffene eine Liste mit den Lebensmitteln führt, die bei ihm keine Symptome auslösen.

In unserem zweiten Kapitel befassten wir uns mit der Ernährung, wobei auch hier die Unterschiede der Menschen mit in Betracht gezogen werden müssen. Wir können Ihnen speziell nicht sagen, wie Sie Ihre Ernährung umstellen sollen. Die Umstellung hängt davon ab, welche Lebensmittel Sie problemlos zu sich nehmen können. Wie bereits erwähnt, ist dies bei jedem Menschen anders. Wir haben uns deshalb auf die Grundlagen der Ernährung beschränkt.

In unseren Kapiteln drei und vier finden Sie Informationen über die Lebensmittel, die Sie aus naturmedizinischer Sicht problemlos essen dürfen sowie über die Nahrungsmittel, die Sie nach Möglichkeit meiden sollten. Allerdings, wie bereits mehrfach erwähnt, sind auch diese Aufstellungen nicht für jeden Betroffenen richtig, denn Lebensmittel, die einige Betroffene problemlos genießen dürfen, können bei anderen Betroffenen Auslöser für Symptome sein.

Im fünften Kapitel haben wir einige Informationen über die Umstellung der Ernährung zusammengetragen. Im Rahmen dieses Kapitels finden Sie auch mögliche Tests, die ärztlich durchgeführt werden und für die Ermittlung der Histaminintoleranz notwendig sind. Wir weisen darauf hin, dass in der Regel solche Tests von Naturmedizinern durchgeführt werden.

Im nachfolgenden Kapitel sind wir auf den Ernährungsplan eingegangen, der, wie mehrfach erwähnt, bei jedem Betroffenen anders aussehen kann. Aus diesem Grund haben wir uns auf die allgemeinen Fakten beschränkt.

Der unter Kapitel sieben vorgestellte Einkaufsratgeber kann auch nur informativ sein. In diesem Kapitel finden Sie verschiedene Lebensmittel aufgelistet, für die wir wenig, viel oder sehr viel Histamin mittels Kreuze gekennzeichnet haben. Ein Kreuz bedeutet wenig Histamin, drei Kreuze, sehr viel Histamin. Für alle Lebensmittel liegen uns bislang leider keine Wertangaben vor.

Kommen wir zu unserer Rezeptwelt. Tauchen Sie mit uns ein, in die Rezeptwelt und ihre köstlichen Gerichte! Wir haben für Sie Suppen, Hauptgerichte mit Reis, Nudeln, Kartoffeln und Gemüse zusammenstellt. In unserer Rezeptwelt finden Sie auch Rezepte mit Fleisch. Fleisch kann Symptome auslösen, denn wie bei allen Säugetieren ist in deren Körpern Histamin vorhanden. Daher kann Fleisch Symptome auslösen; muss es aber nicht. Das ist bei jedem Betroffenen unterschiedlich.

Tomaten gelten in der Regel als histaminarm. Dennoch zeigen einige Tabellen, dass Tomaten einen Histaminüberschuss enthalten. Leider sagen uns die Tomaten nicht, welcher Wert der Richtige ist. Probieren Sie einfach die Gerichte mit Tomaten aus; sollten sich Symptome zeigen, dann lassen Sie Tomaten einfach weg. Als Alternative können Sie auf Paprika zurückgreifen. Wir gehen davon aus, dass frische Tomaten weniger Histamin enthalten als die Tomaten, die verarbeitet wurden und in Dosen oder Tetrapacks im Supermarkt zum Verkauf stehen.

Oft kommt eine Intoleranz nicht allein, sondern meist in Begleitung einer anderen. Deshalb haben wir Rezepte für Brot und Brötchen zusammengestellt, die nur eine geringe Menge Gluten oder gar keine Gluten enthalten. Wir wissen, auf die frischen Sonntagsbrötchen möchten nur die wenigsten Menschen verzichten. Brötchen sind schnell gebacken und schon bald duftet die Küche nach frischen Brötchen.

Doch nicht nur Brötchen und Brot gehören zur täglichen Ernährung, die Menschen brauchen auch etwas Balsam für die Seele. Was liegt da näher als Kuchen und Kleingebäck zu backen, und zu genießen? Besonders, wenn sich Besuch anmeldet, ist ein schön gedeckter Kaffeetisch mit köstlichem Kuchen fast schon ein Muss. Schauen Sie sich unsere Rezeptideen für Kuchen und Kleingebäck an!

Wir hoffen, unser kleiner Ratgeber ist für Sie eine Hilfe und wir wünschen Ihnen viel Spaß beim Nachkochen und Genießen.

Impressum

Health Academy wird vertreten durch:

Instyle Supply and Control Limited

20th Floor, Central Tower, 28

Queen‘s Road, Central, HK

Coverbilder

[creativelog] | [Fiverr]

Haftung für externe Links

Das Buch enthält Links zu externen Webseiten Dritter, auf deren Inhalt der Autor keinen Einfluss hat. Deshalb kann für die Inhalte externer Inhalte keine Gewähr übernommen werden. Für die Inhalte der verlinkten Webseiten ist der jeweilige Anbieter oder Betreiber der Webseite verantwortlich. Die verlinkten Seiten wurden zum Zeitpunkt der Verlinkung auf mögliche Rechtsverstöße überprüft. Rechtswidrige Inhalte waren zum Zeitpunkt der Verlinkung nicht erkennbar. Eine permanente inhaltliche Kontrolle der verlinkten Webseiten ist jedoch ohne konkrete Anhaltspunkte einer Rechtsverletzung nicht zumutbar. Bei Bekanntwerden von Rechtsverletzungen werden derartige Links umgehend entfernt.

45388566R00070

Printed in Poland
by Amazon Fulfillment
Poland Sp. z o.o., Wrocław